全国注册咨询工程师（投资）职业资格考试

高频考点精讲精练

项目决策分析与评价

《全国注册咨询工程师（投资）职业资格考试
高频考点精讲精练》编委会　编

中国电力出版社
CHINA ELECTRIC POWER PRESS

内 容 提 要

本书依据全国咨询工程师（投资）职业资格考试大纲的要求编写，内容包括绪论、项目规划报告的编制、项目可行性研究报告、项目申请报告和资金申请报告的编制、政府和社会资本合作（PPP）项目实施方案编制、项目评估、建设方案研究与比选、资源及环境可持续性评价、社会评价、不确定性分析与风险分析、项目后评价。

本书采用归纳总结的方式对题干与选项进行优化设置，将考核要点的关联性充分地体现在"同一道题目"当中，该类题型的设置有利于考生对比区分记忆，大大压缩了考生的复习时间，提高学习效率。

本书是一本实用的考试复习用书，可作为全国咨询工程师（投资）职业资格考试的考生学习和参考使用。

图书在版编目（CIP）数据

项目决策分析与评价 /《全国注册咨询工程师（投资）职业资格考试高频考点精讲精练》编委会编. —北京：中国电力出版社，2019.11
全国注册咨询工程师（投资）职业资格考试高频考点精讲精练
ISBN 978-7-5198-3785-3

Ⅰ. ①项… Ⅱ. ①全… Ⅲ. ①基本建设项目–项目决策–资格考试–自学参考资料②基本建设项目–项目评价–资格考试–自学参考资料 Ⅳ. ①F282

中国版本图书馆 CIP 数据核字（2019）第 220124 号

出版发行：中国电力出版社
地　　址：北京市东城区北京站西街 19 号（邮政编码 100005）
网　　址：http://www.cepp.sgcc.com.cn
责任编辑：王晓蕾（010-63412610）
责任校对：黄　蓓　李　楠
装帧设计：张俊霞
责任印制：杨晓东

印　　刷：北京雁林吉兆印刷有限公司
版　　次：2019 年 11 月第一版
印　　次：2019 年 11 月北京第一次印刷
开　　本：787 毫米×1092 毫米　16 开本
印　　张：11
字　　数：256 千字
定　　价：48.00 元

前　言

为帮助考生在繁忙的工作学习期间能更有效地正确理解 2020 年全国咨询工程师（投资）职业资格考试大纲的精神，掌握考试教材的有关内容，我们组织了专职从事考前培训的老师，以考试大纲为依据，紧紧围绕考试指定用书，编写了"全国注册咨询工程师（投资）职业资格考试高频考点精讲精练"系列丛书，帮助考生有的放矢地复习、应考。

本书作者们有一套科学独特的学习模式，为考生提供考前名师会诊，帮助考生制订学习计划、圈画考试重点、理清复习脉络、分析考试动态、把握命题趋势，为考生提示答题技巧、解答疑难问题、提供预测押题。

具体来讲，本套丛书具有如下特点：

（1）知识梳理通俗化。本套丛书把历年考题的出题方式、出题点、采分点都做了归类整理。作者通过翻阅大量的资料，把一些重点难点的知识通过口语化、简单化的方式呈现给读者。

（2）命题规律清晰化。本套丛书主要是将近几年的各考试科目的考题按考试年度进行归纳、解析、总结，通过优化整合真题的命题规律，分析当年考试的命题规律，从而启发考生复习备考的思路，引导考生应该着重对哪些内容进行学习。这部分内容按章节顺序（与考试教材的章节同步），主要是对考试大纲的细化和教材的梳理。根据考试大纲的要求，提炼考点，每个考点的试题均根据考试大纲和历年考题的考点分布的规律去编写，题量的设置也是依据历年考题的分值分布情况来安排。

（3）学习效率双倍增。本套丛书是供考生在系统学习教材之后复习时使用的学习资料，旨在帮助考生提炼考试考点，以节省考生时间，达到事半功倍的复习效果。书中提炼了教材中应知应会的重点内容，指出了经常涉及的考点以及应掌握的程度。同时，对应重点内容讲解了近年的考题，使考生加深对出题点、出题方式和出题思路的了解，进一步领悟考试的命题趋势和命题重点。

（4）内容安排针对性。本套丛书根据考前辅导、网上答疑、提问频率的情况，对众多考生提出的有关领会教材实质精神、把握考试命题规律的一些共性问题，有针对性、有重点地进行解答，并将问题按照知识点和考点加以归类，是从考生的角度进行学以致考的经典问题汇编，对广大考生具有很强的借鉴作用。

（5）学霸经验尽体现。本套丛书既能使考生全面、系统、彻底地解决在学习中存在的问题，又能让考生准确地把握考试的方向。本书的作者旨在将多年积累的应试辅导经验传授给考生，对教材中的每一部分都做了详尽的讲解，教材中的问题都能在书中解决，完全适用于自学。

购买本套丛书的考生可以通过 QQ 群（892484080）与答疑老师取得联系，老师会对考生提出的问题一一耐心解答。

由于时间仓促，书中难免会存在不妥和不足之处，敬请读者批评指正。

编　者

编 者 的 话

考试相关情况说明

一、报考条件

报考科目	报 考 条 件
考4科	遵守国家法律、法规，恪守职业道德，并符合下列条件之一的，均可申请参加咨询工程师（投资）职业资格考试： （1）取得工学学科门类专业，或者经济学类、管理科学与工程类专业大学专科学历，累计从事工程咨询业务满8年； （2）取得工学学科门类专业，或者经济学类、管理科学与工程类专业大学本科学历或学位，累计从事工程咨询业务满6年； （3）取得含工学学科门类专业，或者经济学类、管理科学与工程类专业在内的双学士学位，或者工学学科门类专业研究生班毕业，累计从事工程咨询业务满4年； （4）取得工学学科门类专业，或者经济学类、管理科学与工程类专业硕士学位，累计从事工程咨询业务满3年； （5）取得工学学科门类专业，或者经济学类、管理科学与工程类专业博士学位，累计从事工程咨询业务满2年； （6）取得经济学、管理学学科门类其他专业，或者其他学科门类各专业的上述学历或者学位人员，累计从事工程咨询业务年限相应增加2年
考2科	具备下列条件之一者，可免试《宏观经济政策与发展规划》《工程项目组织与管理》科目，只参加《项目决策分析与评价》和《现代咨询方法与实务》2个科目的考试。参加2个科目考试的人员，须在连续的2个考试年度内通过应试科目的考试。 （1）获得全国优秀工程咨询成果奖项目或者全国优秀工程勘察设计奖项目的主要完成人； （2）通过全国统一考试取得工程技术类职业资格证书，并从事工程咨询业务工作满8年
相关规定	报名条件中有关学历的要求是指经国家教育部承认的正规学历，从事相关专业工作年限的计算截止日期一般为考试报名年度当年年底（或者考试当年年底），详细信息以各地区具体规定为准。 符合报名条件的香港、澳门和台湾居民，可按照原人事部《关于做好香港、澳门居民参加内地统一举行的专业技术人员资格考试有关问题的通知》（国人部发〔2005〕9号）和原人事部、国务院台湾事务办公室《关于向台湾居民开放部分专业技术人员资格考试有关问题的通知》（国人部发〔2007〕78号）有关要求，参加咨询工程师（投资）职业资格考试。港澳台居民在报名时，须提交国务院教育行政部门认可的相应专业学历或学位证书，从事工程咨询相关业务工作年限证明和居民身份证明等材料，台湾居民还须提交《台湾居民来往大陆通行证》

二、考试科目、题型、时间、试卷分值、合格标准

考试科目	考试题型	考试时间	试卷分值	合格标准
《宏观经济政策与发展规划》	单项选择题、多项选择题	9:00—11:30	130分	78分
《工程项目组织与管理》	单项选择题、多项选择题	14:00—16:30	130分	
《项目决策分析与评价》	单项选择题、多项选择题	9:00—11:30	130分	
《现代咨询方法与实务》	案例分析题	14:00—17:00	130分	

三、考试题型说明及要求

《宏观经济政策与发展规划》《工程项目组织与管理》《项目决策分析与评价》3 个科目试题为客观题，用 2B 铅笔在答题卡上填涂作答。

《现代咨询方法与实务》科目考试题型为主观题，使用黑色墨水笔、2B 铅笔在专用答题卡上作答。考生在答题前要仔细阅读答题卡首页的作答须知，在答题卡划定的题号和区域内作答。

考生应考时，应携带黑色墨水笔、2B 铅笔、橡皮、卷（削）笔刀、计算器（免套、无声、无文本编辑储存功能），草稿纸由考试部门提供，考后收回。

注意：

1. 答题前要认真仔细阅读答题注意事项（答题卡首页）。
2. 严格按照指导语要求，根据题号标明的位置，在有效区域内作答。

四、考情分析

《宏观经济政策与发展规划》科目主要包括宏观经济政策和国家发展规划两部分内容，经济政策部分内容较多。考题以文字理解为主。在复习中应注重对政策、指标的理解，要注意准确把握文字背后的复杂含义，还要注意把不同章节的内在内容联系起来，能够从整体上对考试科目进行全面掌握。

《工程项目组织和管理》科目需要考生结合工程项目的特点及实际应用程序来理解记忆。进度管理和费用管理比较偏重定量计算，考生需要重点掌握网络图及赢得值的计算方法。这些计算不仅会在本科目中考查，在《现代咨询方法与务实》科目中也是重点。

《项目决策分析与评价》科目的重点在于项目的决策，内容上涉及的知识面非常广，学习这些知识时，要注意他们之间的联系，综合运用。

《现代咨询方法与务实》科目要求考生既具有宏观知识背景，又能够注重检验其运用咨询方法，进行分析、论证、运算和判断的实际操作能力。

五、考试成绩管理

咨询工程师（投资）职业资格考试成绩实行以 4 年为一个周期的滚动管理办法。参加全部 4 个科目考试的人员必须在连续 4 个考试年度内通过全部考试科目；考 2 个科目（项目决策分析与评价、现代咨询方法与实务）的人员必须在 2 个考试年度内通过全部科目，方能获得咨询工程师（投资）职业资格证书。

本书的特点与如何学习本书

一、本书为什么采取这种体例来编写

（1）为了与市场上同类书区别开来。市场上的同类书总结一下有这么几种：一是几套真题＋几套模拟试卷；二是对教材知识的精编；三是知识点＋历年真题＋练习题。本书将市场上的这三种体例的融合到一起，通过一种市场上从未有过的体例来编写出来。

（2）为了与教材配套。本书会提示考生如何去学习教材，换句话说，是对教材的理解和总结。

（3）为了让读者完整系统地掌握重要考点。本书根据考试大纲和历年真题的命题规律，尽量一题涵盖所有相关可考知识点。可以说学会本书内容，不仅可以过关，而且还可能会得到高分。

（4）为了让读者掌握所有可能出现的题目，本书将每一考点所有可能出现的题目都一一列举，并将可能会设置为干扰选项的整合到一起，形成对比。本书的形式打破传统思维，采用归纳总结的方式进行题干与选项的优化设置，将考核要点的关联性充分地体现在"同一道题目"当中，该类题型的设置有利于考生对比区分记忆，该方式大大压缩了考生的复习时间和精力。众多易混选项的加入，更有助于考生全面地、多角度地精准记忆，从而提高了考生的复习效率。

（5）为了让读者既能掌握正确答案的选择方法，又会区分干扰答案，本书不但将每个题目的所有可能出现的正确选项一一列举，而且还将所有可能作为干扰答案的选项一一列举。本书一个题目可以代替其他辅导书中的5～20个题目，其他辅导书限于篇幅的原因，原本某一考点可能会出6个题目，却只编写了2个题目，考生学习后未必能够全部掌握该考点，造成在考场上答题时觉得见过，但又不会解答的情况，本书可以解决这个问题。

二、本书的内容是如何安排的

（1）针对题干的设置。我们在设置每一考点的题干时，看似只对一个考点的提问，其实不然，部分题干中也可以独立成题。

（2）针对选项的设置。本书中的每一个题目，不仅把所有正确选项和错误选项一一列举，而且还把可能会设置为错误选项的题干也做了全面地总结，体现在该题中。

（3）多角度问答。【考点细说与习题汇编】中会将相关考点以多角度问答方式进行充分地提问与表达，旨在帮助考生灵活应对较为多样的考核形式，可以做到以一题敌多题。

（4）真题标记。本书中的"[××××年考过]"是指该选项或考点曾在真题中出现过的年份，便于考生对考试趋向有所了解。

（5）针对可以作为互为干扰选项的内容。本书将教材中涉及原则、方法、依据等易作为互为干扰选项的知识分类整理到一个考点中，因为这些考点在考题中通常会互为干扰选项出现。

（6）针对计算型的选择题。本书不仅将正确答案的计算过程详细列出，而且还会告诉考生错误选项的错误做法。有些计算题可能有几种不同的计算方法，我们都会一一给读者介绍。

（7）针对很难理解的内容。我们会总结一套很易于接受的直接应对解答习题的方法来引导读者。

（8）针对很难记忆的内容。我们会编成顺口溜等形式帮助读者记忆。

（9）针对容易混淆的内容。我们会将容易混淆的知识点整理归纳在一起，指出哪些细节容易混淆，该如何清晰辨别。

三、读者如何学习本书

本书是以题的形式来体现考题的必考点、常考点，因为考生的目的是通过学习知识在考场上解答考题而通过考试。具体在每一章设置了以下三个板块：【本章考点框架】【本章考点精讲精练】【考点细说与习题汇编】。

下面说一下如何来学习本书：

（一）如何学习【本章考点精讲精练】

（1）该部分是将每章内容划分为若干个高频考点作为单元来讲解的。这些考点是必考点，必须要掌握，只要把这些考点掌握了，通过考试是没有问题的。尤其是对那些没有大量时间来学习的考生更适用。

（2）每一考点下以一题多选项多解的形式进行呈现。这样可以将本考点下所有可能会出现的考试知识点一网打尽，不需要考生再多做习题。本书中的每一个题目相当于其他辅导书中五个以上的题目。

（3）每一道题目的题干是综合了历年考试题目的叙述方法总结而成，很具有代表性。题干中既包含本题所要解答的问题，还包括本考点下可能以单项选择题出现的知识点。虽然大多数是以多项选择题的形式出现的，但是单项选择题的采分点也包括在本题题干中了。

（4）每一道题目的选项不仅将该题可能会出现的正确选项都整理总结一一罗列，而且还将可能会出现的干扰选项都详细整理罗列（这些干扰选项也是其他考点的正确选项，会在【考点细说与习题汇编】中详细解释），只要考生掌握了这个题目，不论是怎么来命题都不会超出这个范围。

（5）每一道题目的正确选项和错误选项整理在一起有助于考生总结一些规律来记忆，【考点细说与习题汇编】中为考生总结规律。 考生可以自己总结适合的方法或规律，也可以根据我们总结的规律来学习。

（6）本书还将历年考试中考过的题目和选项逐一标记出来，这样更能将该题的重要程度展示给考生，为考生总结出题规律提供依据。考生应该总结每一选项作为考题出现的频率，来指导考生应该怎样选择性地学习。

（二）如何学习【考点细说与习题汇编】

（1）提示考生在这一考点下有哪些采分点，并对其采分点的内容进行总结和归类，有助于考生对比学习，这些内容一定要掌握。

（2）提示考生哪些内容不会作为考试题目出现，这些内容就不需要考生去学习，本书也不会讲解这方面的知识，这样会减轻考生的学习负担。

（3）提示本题的干扰选项会从哪些考点中选择，考生应该根据这些选项总结出如何区分正确与否的方法。

（4）把本章各节或不同章节具有相关性（比如依据、原则、方法等）的考点归类在某一考点下，给考生很直观的对比和区分。因为在历年的考题中，这些相关性的考点都是互相作为干扰选项而出现的。而且本书还将与本题具有相关性的考点也分别编写了一个题目供考生对比学习。

（5）会对本考点总结一些学习方法、记忆规律、命题规律，这些都是给考生以方法上的指导。

（6）会提示考生除了掌握本题之外，还需要掌握哪些知识点，本书不会遗漏任何一个可考知识点。本书会通过表格、图形的方式归纳可考知识点，这样会给考生很直观的学习思路。

（7）会对所有的错误选项做详细的讲解，考生通过对错误选项详解的学习可以将此改为正确选项。

（8）会提示考生某一考点在命题时会有哪几种题型出现，不管以哪种题型出现，解决问题的知识点是不会改变的，考生一定要掌握正向和逆向出题的解题思路。

（9）会提示考生对易混淆的概念如何来判断其说法是否正确。

（10）会把某一题型的所有可设置的正确选项做详细而易于掌握的总结。

（11）有些题目我们只列出了正确选项，把可能会出现的错误选项在【考点细说与习题汇编】中总结归纳，这样安排只是针对那些容易混淆的知识而设置的，避免考生在学习过程中混淆。

（12）有些计算题、网络图，我们在本书中总结了好几种不同的解题方法，考生可根据自己的喜好掌握其中一种方法即可。

四、作者可以提供哪些增值服务

（1）通过 QQ 群为考生提供每日一题、每日一考点、一月一考、难点解题技巧、必考 5 页纸等的助学服务，并且免费提供答疑服务、押题试卷。

（2）免费为考生提供各科目的知识导图，帮助考生理清所需学习的知识。

（3）我们为每一科目配备专门的助学导师，在考生整个学习过程中提供全方位的助学帮助。

（4）免费提供手机题库，通过扫描二维码关注微信公众号即可随时随地做题。

（5）通过手机题库，免费提供真题和押题试卷。

五、如何获得免费的增值服务

通过 QQ 群（892484080）和微信公众号（资格考试题库）等获得。

备 考 复 习 指 南

2020 年咨询工程师（投资）职业资格考试临近，你准备好了吗？下面是为你研究制定的一套备考方略：

1. 准备好考试大纲和教材——将考试大纲要求掌握的内容，用不同的符号或不同颜色的笔在考试指定教材中做好标记，以备在学习中随时掌控。

2. 收集近几年的考试真题——在教材中将每一题的出处找到，并标记是哪一年的考题，当把近几年的考题全部标记好后，你就会恍然大悟，原来考试的命题规律也就这么几招。

3. 总结命题考点——根据你在教材中标记的历年考题，统计各章各节在历年考题所占的分值，一定要统计出来，圈定考试命题点，为以后有重点地学习，做到心中有数。

4. 全面通读教材——通读教材需要一定的时间和精力投入，考生宜早做安排。强调对教材的通读，是要突出全面理解和融会贯通，并不是要求考生把指定教材的全部内容逐字逐句地背下来。通读教材要注意准确把握文字背后的复杂含义，通读教材还要注意不同章节的内在联系，能够从整体上对应考科目进行全面系统的掌握。

5. 突击考试重要考点——在对教材全面通读的基础上，考生更要注意抓住重点进行复习。每门课程都有其必考知识点，这些知识点在每年的试卷上都会出现，只不过是命题形式不同罢了，可谓万变不离其宗。对于重要的知识点，考生一定要熟练掌握，能够举一反三，做到以不变应万变。

6. 通过习题练习巩固已掌握的知识——找一本好的复习资料进行巩固练习，好的资料应该按照考试大纲和指定教材的内容，以"考题"的形式进行归纳整理，并附有一定参考价值的练习，但复习资料不宜过多，选一两本就够了。

7. 实战模拟——建议考生找三套模拟试题，一套在通读教材后做，找到薄弱环节，在突击考试重要考点时作为参考。一套在考试前一个月做，判断一下自己的水平，针对个别未掌握的内容有针对性地去学习。一套在考试前一周做，按规定的考试时间来完成，掌握答题的速度，体验考场的感觉。

8. 胸有成竹，步入考场——进入考场后，排除一切思想杂念，尽量使自己很快地平静下来。试卷发下来以后，要听从监考老师的指令，填好姓名、准考证号和科目代码，涂好准考证号和科目代码等。紧接着就安心答题。

9. 通过考试，领取证书——考生按上述方法备考，一定可以通过考试。

答题方法解读

1. 单项选择题答题方法：单项选择题每题 1 分，由题干和 4 个备选项组成，备选项中只有 1 个最符合题意，其余 3 个都是干扰选项。如果选择正确，则得 1 分，否则不得分。单项选择题大部分来自考试用书中的基本概念、原理和方法，一般比较简单。如果应试者对试题内容比较熟悉，可以直接从备选项中选出正确项，以节约时间。当无法直接选出正确选项时，可采用逻辑推理的方法进行判断选出正确选项，也可通过逐个排除不正确的干扰选项，最后选出正确选项。通过排除法仍不能确定正确项时，可以凭感觉进行猜测。当然，排除的备选项越多，猜中的概率就越大。单项选择题一定要作答，不要空缺。单项选择题必须保证正确率在 75%以上，实际上这一要求并不是很高。

2. 多项选择题答题方法：多项选择题每题 2 分，由题干和 5 个备选项组成，备选项中至少有 2 个、最多有 4 个最符合题意，至少有 1 个是干扰选项。因此，正确选项可能是 2 个、3 个或 4 个。如果全部选择正确，则得 2 分；只要有 1 个备选项选择错误，该题不得分。如果答案中没有错误选项，但未全部选出正确选项时，选择的每 1 个选项得 0.5 分。多项选择题的作答有一定难度，应试者考试成绩的高低及能否通过考试科目，在很大程度上取决于多项选择题的得分。应试者在作答多项选择题时首先选择有把握的正确选项，对没有把握的备选项最好不选，宁"缺"勿"滥"，除非你有绝对选择正确的把握，最好不要选 4 个答案是正确的。当对所有备选项均没有把握时，可以采用猜测法选 1 个备选项，得 0.5 分总比不得分强。多项选择题中至少应该有 30%的题是可以完全正确选择的，也就是说至少可以得到多项选择题 30%的分值，如果其他 70%的多项选择题，每题选择 2 个正确答案，那么又可以得到多项选择题的 35%的分值。这样就可以稳妥地过关。

3. 案例分析题答题方法：案例分析题的目的是综合考核考生对有关的基本内容、基本概念、基本原理、基本原则和基本方法的掌握程度以及检验考生灵活运用所学知识解决工作实际问题的能力。案例分析题是在具体业务活动的背景材料基础上，提出若干个独立或有关联的小问题。每个小题可以是计算题、简答题、论述题或改错题。考生首先要详细阅读案例分析题的背景材料，建议你阅读两遍，理清背景材料中的各种关系和相关条件。看清楚问题的内容，充分利用背景材料中的条件，确定解答该问题所需运用的知识内容，问什么回答什么。不要"画蛇添足"。在案例分析题的评分标准一般要分解为若干采分点，最小采分点一般为 0.5 分，所以解答问题要尽可能全面、针对性强、重点突出、逐层分析、依据充分合理、叙述简明、结论明确，有计算要求的要写出计算过程。

填涂答题卡技巧

应试者在标准化考试中最容易出现的问题是填涂不规范，以致在机器阅读答题卡时产生误差。解决这类问题的最简单方法是将铅笔削好。铅笔不要削得太细太尖，应将铅笔削磨成马蹄状或直接削成方形，这样，一个答案信息点最多涂两笔就可以涂好，既快又标准。

在进入考场接到答题卡后，不要忙于答题，而应在监考老师的统一组织下将答题卡表头中的个人信息、考场考号、科目信息按要求进行填涂，即用蓝色或黑色钢笔、签字笔填写姓名和准考证号；用 2B 铅笔涂黑考试科目和准考证号。不要漏涂、错涂考试科目和准考证号。

在填涂选择题时，应试者可根据自己的习惯选择下列方法进行：

先答后涂法——应试者接到试题后，先审题，并将自己认为正确的答案轻轻标记在试卷相应的题号旁，或直接在自己认为正确的备选项上做标记。待全部题目做完后，经反复检查确认不再改动后，将各题答案移植到答题卡上。采用这种方法时，需要在最后留有充足的时间进行答案移植，以免移植时间不够。

边答边涂法——应试者接到试题后，一边审题，一边在答题卡相应位置上填涂，边审边涂，齐头并进。采用这种方法时，一旦要改变答案，需要特别注意将原来的选择记号用橡皮擦干净。

边答边记加重法——应试者接到试题后，一边审题，一边将所选择的答案用铅笔在答题卡相应位置上轻轻记录，待审定确认不再改动后，再加重涂黑。需要在最后留在充足的时间进行加重涂黑。

目　　录

第一章 绪 论

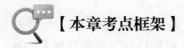**【本章考点框架】**

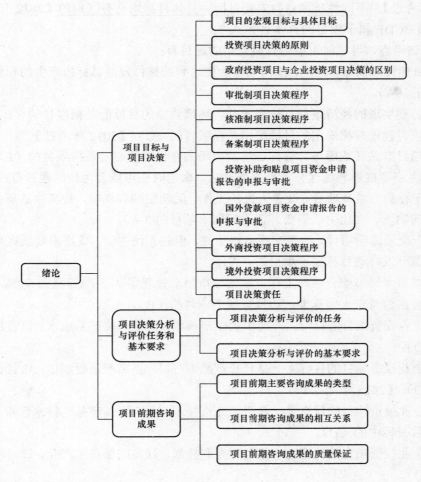

【本章考点精讲精练】

考点1 项目的宏观目标与具体目标

（题干）某企业投资项目的目标之一是进行技术改造，调整产品结构，开发适销对路产

1

品。该目标属于项目目标中的（D）。

A. 宏观目标   B. 效益目标

C. 规模目标   D. 功能目标【2014 年、2018 年考过】

E. 市场目标

 【考点细说与习题汇编】

1. 该考点为高频考点，首先要了解项目目标的两个层次，即宏观目标与具体目标【2009 年、2012 年考过】。不同性质项目的宏观目标、具体目标均是有区别的【2012 年、2013 年考过】。选项 BCDE 属于项目的具体目标。

2. 针对该考点，考试时可能考查概念型的题目有：

（1）项目建设对国家、地区、部门或行业要达到的整体发展目标所产生的积极影响和作用是指项目的（A）。

（2）项目要实现的经济效益、社会效益、环境效益的目标值是指项目的（B）。

（3）对项目建设规模确定的目标值指是指项目的（C）。【2012 年考过】

（4）对项目产品（或服务）目标市场及市场占有份额的确定是指项目的（E）。

3. 对该考点要能够熟练区分各种类型目标。命题时还可能会考核的题目有：

（1）对于社会公益性项目，改善人民的工作、活动空间和环境，提高生活质量，满足人民不断增长的物质、文化生活需要。该目标属于项目的（A）。

（2）对于交通运输项目，改善交通运输条件，便利人民生活，促进沿线或区域经济社会的发展和资源开发。该目标属于项目的（A）。

（3）某城市水环境综合治理工程，欲使城市污水处理率从 36% 提高到 70%，并使河道水体达到符合旅游景观水质标准。该目标属于项目的（B）。

（4）某企业投资项目的目标之一是扩大生产规模，降低单位产品成本。该目标属于项目目标中的（D）。

（5）某企业投资项目的目标之一是延长产品生产链，提高产品附加值。该目标属于项目目标中的（D）。【2018 年考过】

（6）某企业投资项目的目标之一是引进先进技术设备，提高产品的技术含量和质量。该目标属于项目目标中的（D）。

（7）某企业投资项目的目标之一是利用专利技术，开发高新技术产品。该目标属于项目目标中的（D）。

4. 该考点考试时还可能会告诉考生某一具体功能，让考生来判断具体属于哪一目标。命题形式是："某工业建设项目的具体目标中，属于功能目标的有（   ）"。

5. 关于该考点还有可能以判断正确与错误说法的综合题目考查，2012 年、2013 年都是这样的题型。要注意对细节的掌握。

考点2 投资项目决策的原则

（题干）投资项目决策要坚持实事求是，一切从实际出发，尊重事实，在调查研究的基础上，甄别数据合理性，保证数据来源可靠、计算口径一致和评价指标可比，保证分析结论真实可靠。该做法体现了投资决策原则中的（A）。

A. 科学决策原则　　　　　　　　　B. 民主决策原则【2018年考过】

C. 效益（效果）最大化原则　　　　D. 风险责任原则

E. 可持续发展原则

 【考点细说与习题汇编】

1. 基于上述选项，命题时还可能会考核的题目有：

（1）投资项目决策运用先进的技术经济手段和多种专业知识，通过定性分析与定量分析相结合，实事求是地研究客观情况，采用多种可验证的方法得出科学结论。该做法体现了投资决策原则中的（A）。

（2）投资项目决策必须全面准确地掌握有关资料信息，符合国家和项目所在地的经济和社会发展规划以及产业、土地、环保、资源利用、能源节约、税收、投资等政策，符合有关技术、经济、工程方面的规范、标准、定额等要求。该做法体现了投资决策原则中的（A）。

（3）投资项目决策在调查研究的基础上，甄别数据合理性，保证数据来源可靠、计算口径一致和评价指标可比，保证分析结论真实可靠。该做法体现了投资决策原则中的（A）。

（4）为了提高决策的水平和质量，无论是企业投资项目还是政府投资项目，在决策过程中需聘请项目相关领域的专家进行分析论证，以优化和完善建设方案。该做法体现了投资决策原则中的（B）。

（5）决策者在决策过程中，一般委托咨询机构对投资项目进行独立的调查、分析、研究和评价，提出咨询意见和建议，以帮助决策者正确决策。该做法体现了投资决策原则中的（B）。【2018年考过】

（6）投资决策过程中，按照"谁投资、谁决策、谁受益、谁承担风险"的要求，健全政府投资责任追究制度。该做法体现了投资决策原则中的（D）。

（7）为确保投资项目建设和经营的持续增长发展，必须牢固树立创新、协调、绿色、开放、共享的发展理念，贯彻落实建设资源节约型、环境友好型社会的基本国策，要求项目建设不能超越当地或区域范围内的资源和环境的承载力。该做法体现了投资决策原则中的（E）。

（8）在投资决策过程中，应主要遵循的原则包括（ABCDE）。

2. 项目决策过程：信息收集→方案构造设计→方案评价→方案抉择【2012年、2013年、2018年考过】。在考试时可能会考核过程顺序，一般有两种题型：一种是给出这四个过程，判断正确的顺序；另一种是给出其中的一项工作内容，要求判断紧后工作过程。

3. 在考试时除了会考查上述单项选择题题型，还可能会以判断正确与错误说法的综合题目来考查决策及投资项目决策的相关内容。2018年就是这样考查的。

4. 决策有诸多分类方法，主要掌握以下三类：

按决策对象划分	投资决策、融资决策、营销决策
按决策目标数量划分	单目标决策和多目标决策
按决策问题面临条件划分	确定型决策、风险型决策和不确定型决策【2018年考过】

5. 投资项目决策的分类如下：

企业投资项目决策	企业根据总体发展战略，自身资源条件、在市场竞争中的地位以及项目产品所处生命周期中的阶段等因素，以获得经济、社会效益和提升持续发展能力为目标，做出是否投资建设项目的决定
政府投资项目决策	政府有关投资管理部门根据经济社会发展的需要，以实现经济调节、满足国家经济安全和社会公共需求、促进经济社会可持续发展，按照符合政府投资的范围和政府投资的目标，做出是否投资建设项目的决定
金融机构贷款决策	银行等金融机构遵循"独立审贷、自主决策、自担风险"的原则，依据申请贷款的项目法人单位信用水平、经营管理能力和还贷能力以及项目盈利能力，做出是否贷款的决定

6. 关于特点、作用题目，客观性比较强，在备考复习时，要注意区分，总结记忆方法。

考点3 政府投资项目与企业投资项目决策的区别

（题干）关于政府投资项目决策与企业投资项目决策的说法，正确的有（**ABCDEFGHIJK**）。

A. 政府投资项目投资方式是<u>政府直接投资、注入资本金、投资补助、转贷和贷款贴息</u>

B. 企业投资项目投资方式是<u>直接投资、合作投资</u>

C. 为政府投资主管部门<u>立项和决策提供依据的是项目建议书和项目可行性研究报告</u>

D. 企业投资项目的决策依据是项目<u>可行性研究报告</u>

E. 政府投资资金只投向市场不能有效配置资源的公共领域的项目

F. 政府投资资金以非经营性项目为主，原则上不支持经营性项目

G. 凡法律法规未禁入的行业和领域企业均可以投资

H. 企业投资以经营性项目为主

I. 企业投资项目，应符合维护国家经济安全、合理开发利用资源、保护生态和环境、优化重大布局、保障公共利益、防止出现垄断等方面的要求

J. <u>政府投资项目实行项目审批制</u>

K. 企业投资项目有企业自行决策，政府备案

【考点细说与习题汇编】

1. 该考点一般会以判断正确与错误说法的综合题目考查。

2. 在考试时，还有可能会逆向考查考生，比如"关于政府投资项目决策与企业投资项目决策的说法，错误的是（　　　）"。不管是正向还是逆向，所考查的知识点是不变的，只要对知识点理解透彻，这类题目都不是问题。

3. 选项 C 还可能这样命题：

（1）为政府投资主管部门立项提供依据的是（项目建议书或初步可行性研究报告）。

（2）为政府投资主管部门决策提供依据的是（项目可行性研究报告）。

4. 如果将选项 F 改为"政府投资资金以经营性项目为主"就是错误选项。

5. 政府投资项目与企业投资项目决策的区别，主要体现在：① 投资主体和资金来源不同；② 决策过程不同；③ 投资范围和内容不同；④ 决策和管理模式不同。这几点不同也有可能会作为多项选择题来考查。

考点 4　审批制项目决策程序

（题干）关于审批制项目可行性研究报告编制的说法，正确的有（ABCDEFGHIJ）。

A. 项目建议书批准后，项目单位应当编制可行性研究报告

B. 可行性研究报告的编制格式、内容和深度应当达到规定要求

C. 项目可行性研究报告的申报应附有选址意见书

D. 项目可行性研究报告的申报应附有用地预审意见【2018 年考过】

E. 项目可行性研究报告的申报应附有环境影响评价审批文件

F. 项目可行性研究报告的申报应附有项目的节能评估报告书、节能评估报告表或者节能登记表

G. 在项目审批部门受理项目可行性研究报告后，一般按规定时限委托相应资质的入选工程咨询机构进行项目评估

H. 承担咨询评估任务的工程咨询机构不得承担同一项目建议书和可行性研究报告的编制工作

I. 经批准的项目可行性研究报告是确定建设项目的依据

J. 特别重大的项目可行性研究报告的审批应实行专家评议制度【2018 年考过】

【考点细说与习题汇编】

1. 选项 CDEF 阐述的是项目可行性研究报告申报应附的文件。在考试时可能考查多项选择题，比如：

项目可行性研究报告编制完成后，由项目单位按照原申报程序和事权向原项目审批部门申报可行性研究报告，并应附（ABCDE）。

A. 选址意见书   B. 用地预审意见

C. 环境影响评价审批文件   D. 项目的节能评估报告书

E. 节能评估报告表或者节能登记表

2. 政府投资项目实行审批制，包括审批项目建议书、项目可行性研究报告、初步设计。除情况特殊影响重大的项目需要审批开工报告外，一般不再审批开工报告，同时应严格政府投资项目的初步设计、概算审批工作【2018 年考过】。

3. 关于项目建议书的受理与审批需要掌握以下知识点：

申请安排中央预算内投资 3000 万元及以上的项目，以及需要跨地区、跨部门、跨领域统筹的项目，由国家发展改革委审批或者由国家发展改革委委托中央有关部门审批，其中特别重大项目由国家发展改革委核报国务院批准；其余项目按照隶属关系，由中央有关部门审批后抄送国家发展改革委。

项目审批部门对符合有关规定、确有必要建设的项目，批复项目建议书（一般称项目立项），并将批复文件抄送城乡规划、国土资源、环境保护等部门。

4. 政府投资项目策划与决策程序如下图所示。

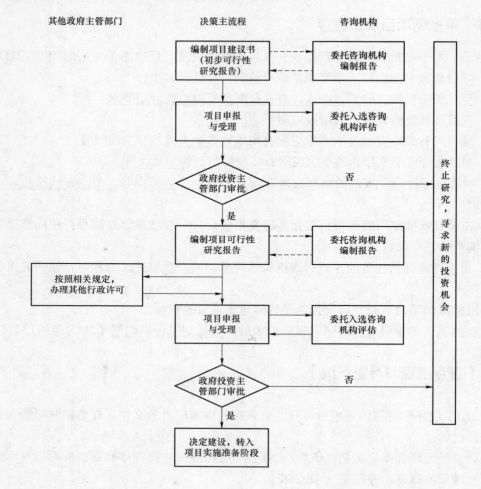

考点 5 核准制项目决策程序

（题干）关于核准制的投资项目策划与决策的说法，正确的有（ABCDEFGH）。

A. 政府对关系国家安全和生态安全、涉及全国重大生产力布局项目，实行核准管理

B. 政府对战略性资源开发和重大公共利益项目，实行核准管理

C. 实行核准制的企业投资项目，仅需向政府提交项目申请报告（书），不再经过批准项目建议书、可行性研究报告和开工报告程序

D. 企业投资项目策划与决策是一个逐步研究深化的过程

E. 由地方政府核准的企业投资项目，应按照地方政府的有关规定，向相应地方的核准机关报送项目申请书

F. 核准机关在受理项目申请书后，应从是否合理开发并有效利用资源方面审查

G. 核准机关在受理项目申请书后，应从是否符合相关发展建设规划、技术标准和产业政策方面审查

H. 实行核准制的投资项目，政府部门要依托投资项目在线审批监管平台或政务服务大厅实行并联核准

 【考点细说与习题汇编】

1. 对选项 FG，还需要从下列方面对项目进行审查：

（1）是否危害经济安全、社会安全、生态安全等国家安全。

（2）是否对重大公共利益产生不利影响。

2. 关于该考点还需要掌握企业投资项目的"三个清单"管理制度：

企业投资项目管理负面清单制度	除目录范围内的项目外，一律实行备案制
企业投资项目管理权力清单制度	严格遵循职权法定原则，规范职权行使，优化管理流程
企业投资项目管理责任清单制度	厘清各级政府部门企业投资项目管理职权所对应的责任事项，明确责任主体，健全问责机制

3. 核准制的企业投资项目策划与决策程序如下图所示。

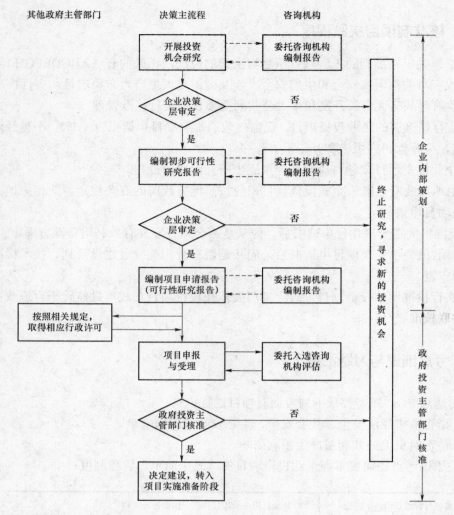

考点6 备案制项目决策程序

（题干）实行备案制的企业投资项目，由企业自主决策，按照属地原则，企业应当在开工建设前通过在线平台将（ABCDEFG）告知备案机关。

A. 企业基本情况   B. 项目名称

C. 建设地点【2018 年考过】   D. 建设规模

E. 建设内容【2018 年考过】   F. 项目总投资额【2018 年考过】

G. 项目符合产业政策的声明

 【考点细说与习题汇编】

1. 需要告知备案机关的信息是典型的多项选择题考点。

2. 企业投资备案项目策划与决策程序如下图所示。

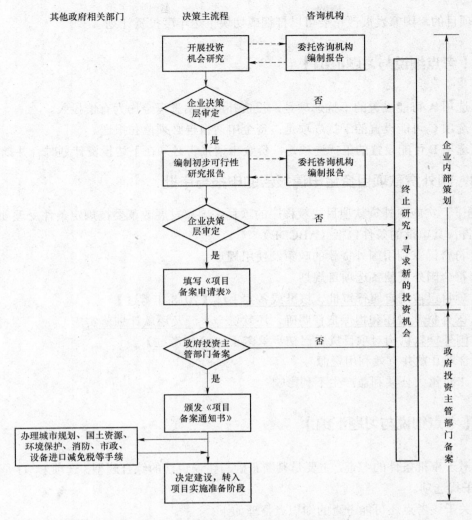

考点 7 投资补助和贴息项目资金申请报告的申报与审批

（题干）关于投资补助和贴息项目资金申请报告申报与审批的说法，正确的有（ABCDEF）。

A. 投资补助和贴息资金均为政府投资性无偿投入

B. 投资补助和贴息资金重点用于市场不能有效配置资源、需要政府支持的经济和社会领域

C. 报国务院委审批、核准的项目，可以在报送可行性研究报告或者项目申请报告时一并提出资金申请，不再单独报送资金申请报告

D. 项目单位被列入联合惩戒合作备忘录黑名单的，国家发展改革委不予受理其资金申请报告

E. 资金申请报告可以单独批复，或者在下达年度投资计划时合并批复

F. 对于补助地方数量多、范围广、单项资金少的和下达年度投资规模计划时无法明确

到具体项目的，国家发展改革委可以打捆或切块下达年度投资计划

【考点细说与习题汇编】

1. 选项 A 可能设置的干扰选项是：投资补助和贴息资金均为有偿投入。

2. 选项 C 可能设置的干扰选项是：资金申请报告必须单独报送。

3. 选项 E 可能设置的干扰选项是：资金申请报告必须在下达投资计划时合并批复。

考点 8　国外贷款项目资金申请报告的申报与审批

（题干）实施国外贷款项目决策程序的项目，国家发展改革委按规定条件受理项目资金申请报告，其审批的条件包括（ABCDE）。

A. 符合国家利用国外贷款的政策及使用规定

B. 符合国外贷款备选项目规划

C. 项目已按规定履行审批、核准或备案手续【2018 年考过】

D. 国外贷款偿还和担保责任明确，还款资金来源及还款计划落实

E. 国外贷款机构对项目贷款已初步承诺【2018 年考过】

F. 合理开发并有效利用资源

G. 未对重大公共利益产生不利影响

【考点细说与习题汇编】

1. 对于审批条件的考查，主要是判断正确与错误说法的综合题型。选项 F、G 是可能会设置的干扰选项。

2. 关于该考点还可能考查的知识点整理如下：

（1）借用国外贷款的项目必须纳入国外贷款备选项目规划。

（2）世界银行、亚洲开发银行贷款、亚投行以及国际金融组织和外国政府贷款等备选项目规划由国家发展改革委提出，商财政部后报国务院批准。

（3）国务院行业主管部门、省级发展改革部门、计划单列企业集团和中央管理企业向国家发展改革委申报纳入国外贷款规划的备选项目。

（4）项目资金申请报告由省级发展改革部门初审后，报国务院发展改革部门审批；国务院行业主管部门、计划单列企业集团和中央管理企业的项目资金申请报告，直接报国家发展改革委审批。

（5）由国务院及国家发展改革委审批的项目可行性研究报告，应当包括项目资金申请报告内容，不再单独审批项目资金申请报告。

3. 纳入国外贷款备选的项目，应当区别不同情况履行相应审批、核准或备案手续，具体如下表：

中央统借统还的项目	按照中央政府直接投资项目进行管理，其项目建议书、可行性研究报告由<u>国家发展改革委审批或审核后报国务院审批</u>
省级政府负责偿还或提供还款担保的项目	按照省级政府直接投资项目进行管理，其项目审批权限，按国务院及国家发展改革委的有关规定执行。除应当报国务院及国家发展改革委审批的项目外，其他项目的可行性研究报告均由省级发展改革部门审批，审批权限不得下放
项目用款单位自行偿还且不需政府担保的项目	参照《政府核准的投资项目目录》的规定办理【2018 年考过】

4. 申报纳入国外贷款规划的备选项目材料包括：① 项目简要情况；② 项目建设必要性；③ 拟申请借用国外贷款的类别或国别；④ 贷款金额及用途；⑤ 贷款偿还责任。

考点 9　外商投资项目决策程序

（题干）外商投资项目实行核准和备案两种方式分类管理。下列关于外商投资项目核准决策的说法，正确的有（ABCDEFG）。

A. 对于《外商投资准入负面清单》中有中方控股（含相对控股）要求的总投资（含增资）限额及以上的鼓励类项目，由<u>国家发展改革委</u>核准

B. 总投资（含增资）限额及以上的限制类（不含房地产）项目，由<u>国家发展改革委</u>核准

C. 对于《外商投资准入负面清单》限制类的房地产项目和总投资（含增资）限额以下的其他限制类项目，由<u>省级政府</u>核准

D. 《外商投资准入负面清单》中有中方控股（含相对控股）要求的总投资（含增资）限额以下鼓励类项目，由<u>地方政府</u>核准

E. 项目核准机关在受理项目申请报告后对需要进行评估论证的重点问题委托有资质入选的咨询机构进行评估论证

F. 对于可能会对公共利益造成重大影响的项目，项目核准机关在进行核准时应采取适当方式<u>征求公众意见</u>

G. 对于特别重大的项目，可以实行<u>专家评议制度</u>

 【考点细说与习题汇编】

1. 注意区分不同项目的核准部门。

2. 对于外商投资项目，政府对企业提交的项目申请报告或备案申请，除从维护经济安全、合理开发利用资源、保护生态环境、优化产业布局、保障公共利益、防止出现垄断等方面进行审核外，还要从市场准入、资本项目管理等方面进行审核。

3. 对于不在《核准目录》和《外商投资准入负面清单》规定核准范围以外的外商投资项目，由地方政府投资主管部门备案。

考点 10 　境外投资项目决策程序

（题干）国家根据不同情况对境外投资项目分别实行核准和备案管理。实行核准管理的范围是投资主体直接或通过其控制的境外企业开展的项目，包括（ABCDEFG）。

A. 我国未建交国家和地区的项目

B. 发生战争、内乱国家和地区的项目

C. 根据国际条约，限制企业对国家和地区投资的项目

D. 武器装备的研制、生产、维修项目

E. 跨境水资源开发利用项目

F. 新闻传媒项目

G. 根据法律法规及调控政策，限制企业境外投资的项目

 【考点细说与习题汇编】

1. 境外投资项目的核准部门是国家发展改革委。

2. 针对该考点还有可能考查的知识点如下：

（1）中方投资额 3 亿美元及以上的境外收购或竞标项目，投资主体在对外开展实质性工作之前，应向国家发展改革委报送项目信息报告。

（2）国家发展改革委收到项目信息报告后，对符合国家境外投资政策的项目出具确认函。

3. 根据《企业境外投资管理办法》，除境外投资实施项目核准制以外的企业境外投资实行备案管理。关于境外投资项目备案管理可以参考下表记忆。

投资主体	备案机关
中央管理企业	国家发展改革委
地方企业，且中方投资额 3 亿美元及以上的	国家发展改革委
地方企业，且中方投资额 3 亿美元以下的	投资主体注册地的省级政府发展改革部门

4. 境外投资项目备案程序：

（1）国家发展改革委备案的项目→地方企业应填报境外投资项目备案申请表并附有关附件→提交所在地的省级政府改革部门→省级政府发展改革部门报送国家发展改革委。

（2）中央管理企业由集团公司或总公司向国家发展改革委报送备案申请表及有关附件。

5. 最后来了解几个概念，考试时可能通过混淆概念说法来考查。

（1）境外收购项目，是指投资主体以协议、要约等方式收购境外企业全部或部分股权、资产或其他权益的项目。

（2）境外竞标项目，是指投资主体参与境外公开或不公开竞争性投标等方式获得境外企业全部或者部分股权、资产或其他权益的项目。

（3）境外开展实质性工作区别。境外收购项目指的是对外签署约束性协议、提出约

束性报价及向对方国家或地区政府审查部门提出申请；境外竞标项目指的是对外正式投标。

考点 11 项目决策责任

（题干）在项目决策过程中，政府投资主管部门的职责和责任是（ABCDE）。

A. 审查项目是否符合国家宏观调控政策、发展建设规划和产业政策

B. 审查项目是否维护了经济安全和公众利益

C. 审查项目资源开发利用和重大布局是否合理，能耗指标是否先进，节能措施是否合理

D. 审查项目是否有效防止出现垄断

E. 审查项目是否有利于防范和化解社会稳定风险

F. 审查项目的申报程序是否符合有关规定、申报材料是否真实、是否按照经审批或核准的建设内容进行建设负责

G. 承担投资项目的市场前景、技术方案、资金来源、经济效益等方面的风险

H. 对是否符合环境影响评价的法律法规要求，是否符合环境功能区划，拟采取的环保措施能否有效治理环境污染和防止生态破坏等负责

I. 对项目是否符合土地利用总体规划和国家供地政策，项目拟用地规模是否符合有关规定和控制要求负责

J. 对项目补充耕地方案是否可行，对土地、矿产资源开发利用是否合理负责

K. 对项目是否符合城市规划要求、选址是否合理等负责

 【考点细说与习题汇编】

1. 基于上述选项，命题时还可能会考核的题目有：

（1）在项目决策过程中，项目（法人）单位的职责和责任是（FG）。

（2）在项目决策过程中，环境保护主管部门的职责和责任是（H）。

（3）在项目决策过程中，国土资源主管部门的职责和责任是（IJ）。

（4）在项目决策过程中，城市规划主管部门的职责和责任是（K）。

2. 针对该考点，还有可能给出具体的职责，让考生来判断属于谁的责任。

3. 在此应特别注意下国家发展改革委对咨询评估机构做出相应处罚的情形。

根据《国家发展改革委委托投资咨询评估管理办法》（发改投资〔2015〕1761号）规定，咨询评估机构有下列情形之一，国家发展改革委可以依据情节轻重对其提出警告、从承担国家发展改革委委托咨询评估任务的评估机构中删除，并依据工程咨询单位资格管理的有关规定做出相应处罚。对违法违规行为建立信用记录，纳入国家统一的信用信息共享交换平台。情节严重的，按有关规定向社会公开。

（1）咨询评估报告有重大失误或质量低劣；

（2）咨询评估过程中有违反本办法规定的行为；

（3）累计两次拒绝接受委托任务；

（4）累计两次未在规定时限或者经批准的选项时限内完成评估任务；

（5）其他违反国家法律法规规定的行为。

考点 12 项目决策分析与评价的任务

（题干）在项目决策分析与评价过程中，应完成的任务有（ABCDEFGHIJKL）。

A. 分析项目建设的可能性、与产业政策的符合性

B. 分析项目与地区发展规划的符合性以及城乡规划等相应政策的符合性

C. 分析项目与公司发展战略的符合性

D. 研究项目运营发展所必需的条件

E. 分析项目建设的必要性，推荐符合市场需求的产品（服务）方案和建设规模

F. 比较并推荐先进、可靠、适用的项目建设方案

G. 估算项目建设与运营所需的投资和费用，<u>计算分析项目的盈利能力、偿债能力与财务生存能力</u>【2010 年考过】

H. 分析评价项目建设与运营所产生的外部影响

I. 分析评价项目的经济合理性、与所处的社会环境是否和谐以及资源节约和综合利用效果

J. 分析项目存在的风险，并<u>提出防范和降低风险的措施</u>【2010 年考过】

K. 分析项目目标的可能实现程度，判别项目建设的必要性和技术经济的可行性，提出研究结论【2010 年考过】

L. 对项目建设与运营的有关问题及应采取的措施提出必要的建议

【考点细说与习题汇编】

1. 项目决策分析与评价的任务在考试时会以多项选择题形式来考查。

2. 该考点在考查时，会给出一些具体的工作内容，判断哪项属于项目决策分析与评价的任务。【2010 年考过】

考点 13 项目决策分析与评价的基本要求

（题干）项目前期策划的基本要求包括（ABCDEF）。

A. 贯彻以人为本、和谐发展的理念

B. 资料数据准确可靠

C. 方法科学

D. 定量分析与定性分析相结合，以<u>定量分析为主</u>【2014 年考过】

E. 动态分析与静态分析相结合，以<u>动态分析为主</u>【2012 年、2014 年考过】

F. <u>项目多方案比较与优化</u>【2014 年考过】

【考点细说与习题汇编】

关于项目前期策划的基本要求,考试时还可能会考查我们其中的一些细节性知识点,下面将可能考核到的知识点整理如下:

（1）项目决策分析与评价的方法包括经验判断法、数学分析法、试验法。

（2）动态分析是指在项目决策分析与评价时要考虑资金的时间价值,对项目在整个计算期内费用与效益进行折（贴）现现金流量分析。【2009 年考过】

（3）静态分析是指在项目决策分析与评价时不考虑资金的时间价值,把不同时点的现金流入和流出看成是等值的分析方法。

（4）多方案比选,可以采用专家评分法、目标排序法等方法进行综合评价优化选择。

考点 14 项目前期主要咨询成果的类型

（题干）项目决策分析与评价是一个由粗到细、由浅到深的递进过程。在这个过程中形成的报告构成了前期的主要咨询成果,主要包括（ABCDEFGHIJKL）。

A. 规划研究报告   B. 投资机会研究报告

C. 初步可行性研究报告   D. 项目建议书

E. 可行性研究报告   F. 项目申请报告

G. 资金申请报告   H. 项目评估报告

I. 社会评价报告   J. 后评价报告

K. 专题研究报告   L. 支撑性文件

 【考点细说与习题汇编】

1. 选项 A,规划研究是指研究产业发展、企业和园区项目建设与国家产业政策、区域规划、经济社会配套、资源支撑生态环境容量等方面的符合性。

2. 投资机会研究与初步可行性研究的目的、内容、研究重点及成果要掌握以下细节性知识点。

项目	投机机会研究	初步可行性研究
目的	发现有价值的投资机会【2013 年考过】	判断项目是否有必要性,是否值得投入更多的人力和资金进行可行性研究
内容	市场调查、消费分析、投资政策、税收政策研究	—
重点	分析投资环境【2013 年考过】	根据国民经济和社会发展长期规划、行业规划和地区规划以及国家产业政策,经过调查研究、市场预测,从宏观上分析论证项目建设的必要性和可能性
深度	—	介于投资机会研究和可行性研究之间【2010 年、2012 年考过】
成果	机会研究报告【2013 年考过】	初步可行性研究报告或者项目建议书

这部分不仅可以单独成题，还可能考查判断正确与错误说法的综合题目，划线部分即为陷阱设置点。

3. 选项 D，应掌握以下知识点：

（1）对于政府投资项目<u>项目建议书是立项的必要程序</u>，应按照程序和要求编制和报批项目建议书。

（2）自主选择前期不同阶段的研究成果作为立项的依据。政府投资项目，初步可行性研究报告可以代替项目建议书，企业投资项目也可参照执行。

（3）项目建议书，对于政府投资项目是决策程序上的要求，同时对于投资者，也是通过初步的研究，判断项目是否有生命力，是否值得投入更多的人力和资金进行可行性研究，避免造成不必要的浪费。

4. 专题研究报告包括市场研究报告、竞争力分析报告、场（厂）址选择报告、技术方案比选报告、融资方案研究报告、风险分析报告等。

考点 15　项目前期咨询成果的相互关系

（题干）关于初步可行性研究与可行性研究的说法，正确的有（ABCDEFGHIJ）。

A. <u>可行性研究是初步可行性研究的延伸和深化</u>【2017 年、2018 年考过】

B. 初步可行性研究是政府投资项目立项和<u>企业内部策划初步决定投资建设意向的重要依据</u>

C. 可行性研究报告是<u>项目决策的依据</u>

D. 初步可行性研究主要是<u>从宏观角度</u>分析研究项目建设的<u>必要性和可能性</u>【2018 年考过】

E. 可行性研究应<u>从宏观到微观进行全面的技术经济分析</u>，论证项目建设的可行性【2018年考过】

F. 初步可行性研究主要是采用近年同行业类似项目及其生产水平的类比方法，匡算项目总投资

G. 初步可行性研究的投资估算误差通常<u>不应大于 20%</u>【2017 年考过】

H. 初步可行性研究经济效益评价可以静态为主，或与动态分析相结合

I. 可行性研究报告的投资估算误差通常<u>不应大于 10%</u>【2017 年考过】

J. 可行性研究报告应按照项目建设方案确定的工程量测算项目总投资

 【考点细说与习题汇编】

1. 初步可行性研究与可行性研究在<u>目的与作用、研究论证重点以及研究方法和深度要求上是不同的</u>，考试时通常会以判断正确与错误说法的综合题目出现。干扰选项在设置时，一般会将两个阶段目的与作用、研究论证重点以及研究方法和深度要求混淆。

2. 针对该考点，考生不用死记硬背，<u>因为建设项目研究是由浅入深、工作质量和要求应逐步提高、建设方案是不断优化的</u>。而可行性研究是初步可行性研究的深化，所以对选项

DEGH 是很容易能判断出来的。

3. 为方便记忆，现将初步可行性研究与可行性研究的关系与区别总结如下表：

	初步可行性研究	可行性研究
成果	项目建议书	可行性研究报告
目的与作用	政府投资项目立项和企业内部策划初步决定投资建设意向的重要依据	项目决策的依据
研究角度	从宏观角度分析研究项目的必要性和可能性	从宏观到微观进行全面的技术经济分析，论证项目建设的必要性和可行性
采用方法	粗略的估算指标法	分类估算法
研究论证的重点	初步匡算投资，对项目的经济效益和社会效益进行初步分析	确定项目总投资，对项目的经济效益和社会效益进行较系统的评价和测算
研究方法和深度要求	采用近年同行业类似项目及其生产水平的类比方法，经济效益评价可以静态为主，或与动态分析相结合，允许误差20%左右	按照项目建设方案确定的工程量测算项目总投资，以动态为主，误差不应大于10%

4. 关于项目申请报告与可行性研究报告的关系，可能会这样考核：

关于可行性研究报告和项目申请报告的说法，正确的是（B）。

A. 项目申请报告是政府投资项目的需要

B. 项目申请报告仅仅适用于企业投资建设实行政府核准制的项目

C. 政府投资项目和实行备案制的企业投资项目，均需要编制项目申请报告

D. 对于企业投资项目而言，项目申请报告的目的是论证项目的可行性

项目申请报告与可行性研究报告适用范围和作用、目的、内容均不同，对其总结如下表：

区别	项目申请报告	可行性研究报告
适用范围和作用	项目申请报告是政府行政许可的要求，它仅仅适用于企业投资建设实行政府核准制的项目，即列入"核准目录"的企业投资建设项目。 作用：根据政府关注的公共管理要求，主要从维护经济安全，合理开发利用资源、保护生态环境、优化重大布局、保障公众利益、防止出现垄断等方面进行核准	通过对拟建项目的建设方案和建设条件的分析、比较、论证，从而得出该项目是否值得投资、建设方案是否合理、可行的研究结论，为项目的决策提供依据
目的	项目申请报告是对政府关注的项目外部影响，涉及公共利益的有关问题进行论证说明，以获得政府投资主管部门的核准（行政许可）	对于企业投资项目而言，可行性研究报告的目的是论证项目的可行性，提交企业内部决策机构（如企业董事会）审查批准；以及提交贷款方（包括内、外资银行以及国际金融组织和外国政府）评估，以便其做出贷款决定
内容	从规划布局、资源利用、征地移民、生态环境、经济和社会影响等方面对拟建项目进行论证，对市场、技术、资金来源、财务效益等不涉及政府公权力等"纯内部"问题，不作为主要内容，但需要对项目有关问题加以简要说明，作为对项目核准提供项目背景、外部影响评估的基础材料	要对市场前景、技术方案、设备选型、项目选址、投资估算、融资方案、财务效益、投资风险、政府关注的涉及公共利益的有关问题进行论证

5. 关于该考点，应注意初步可行性研究与可行性研究的不同，避免造成混淆。

考点 16　项目前期咨询成果的质量保证

（题干）关于项目前期咨询成果的质量保证及其评价标准的说法，正确的有（ABCDEFGH）。

A. 项目经理责任制是保证项目前期咨询工作质量的基础【2017 年考过】

B. 加强项目前期策划各中间环节成果的评审是确保最终成果质量的重要手段

C. 质量评审包括内部评审和外部评审

D. 建设项目前期咨询成果很难用定量标准来衡量和评价

E. 咨询成果应符合国家有关法律法规的要求【2017 年考过】

F. 咨询成果应与国民经济和社会事业发展的目标相一致

G. 让委托单位满意，是检验咨询成果优劣的重要标志

H. 工程咨询成果应与各方利益权衡相协调

 【考点细说与习题汇编】

1. 该考点一般会以判断正确与错误说法的综合题目考查。

2. 本题中可能会出现的错误选项如下：

A. 项目前期策划的成果应全部采用定量标准来衡量和评价

B. 各类工程项目前期策划的成果一般应采用统一的评价标准

3. 内部评审与外部评审的内容如下表：

质量评审		内　　容
内部评审	项目团队组织	项目经理是项目质量管理的基层负责人，项目前期工作完成以后，项目经理要组织本项目的参加人员对项目咨询成果进行自我评审。依据项目质量要求，逐项自我检查，并进行必要的修正
	咨询机构组织	由咨询企业行政、技术、业务主管领导参加，项目经理汇报
外部评审	项目业主组织	项目业主邀请社会上的专家、学者、行政领导，对咨询机构提供的咨询成果进行评审。特殊情况下，还可以邀请国外专家参加评审
	委托外审	委托一家咨询机构进行评审，对咨询报告进行优化。必要时，还可以再次委托另外一家咨询机构进行再评估

第二章　项目规划报告的编制

【本章考点框架】

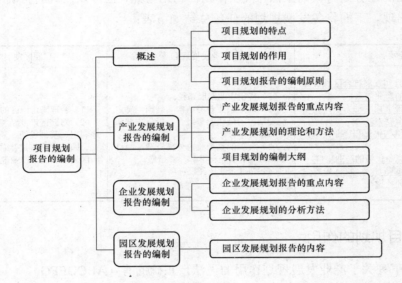

```
                        ┌─────────┐     ┌──────────────────┐
                        │  概述   ├─────┤ 项目规划的特点   │
                        │         │     ├──────────────────┤
                        │         ├─────┤ 项目规划的作用   │
                        │         │     ├──────────────────┤
                        │         └─────┤ 项目规划报告的编制原则 │
                        └─────────┘     └──────────────────┘
            ┌──────────┐┌──────────────┐ ┌──────────────────────┐
            │          ││ 产业发展规划 ├─┤ 产业发展规划报告的重点内容 │
┌─────────┐ │          ││ 报告的编制   │ ├──────────────────────┤
│ 项目规划 ├─┤          ││              ├─┤ 产业发展规划的理论和方法 │
│ 报告的编制 │ │          ││              │ ├──────────────────────┤
└─────────┘ │          │└──────────────┘ └─┤ 项目规划的编制大纲    │
            │          │┌──────────────┐ ┌──────────────────────┐
            │          ││ 企业发展规划 ├─┤ 企业发展规划报告的重点内容 │
            │          ││ 报告的编制   │ ├──────────────────────┤
            │          ││              └─┤ 企业发展规划的分析方法 │
            │          │└──────────────┘ └──────────────────────┘
            │          │┌──────────────┐ ┌──────────────────────┐
            │          └┤ 园区发展规划 ├─┤ 园区发展规划报告的内容 │
            │           │ 报告的编制   │ └──────────────────────┘
            └──────────┘└──────────────┘
```

【本章考点精讲精练】

考点1　项目规划的特点

（题干）产业发展规划具有（ABCD）的特点。

A. 导向性　　　　B. 相关性　　　　C. 约束性　　　　D. 时效性
E. 前瞻性　　　　F. 针对性　　　　G. 认同性　　　　H. 可操作性

【考点细说与习题汇编】

1. 基于上述选项，命题时还可能会考核的题目有：

（1）企业发展规划具有（DEFGH）的特点。

（2）园区发展规划具有（ABCDEFGH）的特点。

（3）产业发展规划侧重从产业链或产业网发展角度考虑产业纵深关系，城市规划更多地从城市空间布局和公共设施方面研究产业横向协调关系。产业发展规划和城市规划在产业集聚方面存在着互动关系和互促作用。这体现了产业发展规划具有（B）的特点。

（4）在需求变化迅速、竞争博弈复杂的现代市场环境下，企业发展规划应及时进行动态修正和调整，不断更新，创造新的竞争优势和核心能力。这体现了企业发展规划具有（H）的特点。

2. 接下来了解下项目规划的任务。项目规划包括<u>产业发展规划、企业发展规划和园区发展规划</u>。各发展规划的任务也是非常明确的，产业发展规划是为产业提供服务的，企业发展规划是为企业提供服务的，园区发展规划是为园区提供服务，这样来记忆就不会混淆了。产业发展规划的任务是考核的重点，可以作为一句话考点，也可以在判断正确与错误说法的综合题目中出现。下面将各发展规划的任务总结如下表：

产业发展规划	企业发展规划	园区发展规划
（1）<u>引导、培育和发展符合区域资源特点和优势条件的产业体系。</u> （2）<u>推动形成产业内生动力、产业创新机制和产生再造能力。</u> （3）<u>促进产业结构优化和产业技术升级。</u> （4）<u>打造具有竞争优势的产业集群。</u> （5）<u>落实企业战略目标，深入研究企业内部条件和外部环境</u>	（1）提出企业发展路径。 （2）确定企业业务结构和规模，确定规划期内的最佳业务组合、投资方向和重点投资项目。 （3）合理配置企业内外部资源，制订实施方案、实施标准和保障措施。 （4）帮助企业选择投资项目	（1）合理确定园区的发展定位。 （2）对园区产业结构、空间布局、土地利用、基础设施、环境保护、安全防灾、园区管理等进行总体安排，以指导园区建设和园区产业健康、快速发展

考点 2　项目规划的作用

（题干）下列关于产业发展规划作用的说法，正确的有（ABCDEFG）。

A. <u>指导产业合理有序发展</u>

B. <u>推动区域产业优势组合</u>

C. <u>引导正确的招商方向和投资方向</u>【2018 年考过】

D. <u>指导和约束投资主体开展产业项目建设行为</u>

E. <u>促进资源合理配置</u>【2018 年考过】

F. <u>优化完善产业结构</u>【2018 年考过】

G. <u>为专项规划提供基础和依据</u>

H. 指导企业制定各项具体目标

I. 引导和约束企业选择投资方向

J. 引导和约束企业战略制定

K. 引导和约束企业资源优化配置

L. 指导园区招商引资，选择投资项目和投资者

M. 落实资源条件

N. 促进园区供电、供水、供热、供气、"三废"处理、道路、绿化、管廊的建设

【考点细说与习题汇编】

1. 基于上述选项，命题时还可能会考核的题目有：

（1）企业发展规划的作用包括（HIJK）。

（2）园区发展规划的作用包括（LMN）。

2. <u>产业发展规划的任务</u>是考核的重点，是典型的多项选择题考点。

3. 企业发展规划是企业可持续发展过程中、在一定时期内的<u>纲领性文件</u>，是<u>企业经营和未来投资的指导性文件</u>。

4. 选项 M，园区发展规划提出的资源条件是园区发展的约束条件，也是园区对可提供的资源基础，包括土地资源、交通资源、政策资源、能源资源、环境资源、基础设施等。

5. 该考点在考核时可能会设置的干扰选项有：

（1）确定项目投资规模的依据。

（2）确定项目融资方案的依据。

考点 3　项目规划报告的编制原则

（题干）产业发展规划报告在编制时应符合的原则有（ABCDE）。

A. 前瞻性原则　　　　　　　　　B. 合规性原则

C. 产业关联原则　　　　　　　　D. 可操作性原则

E. 持续性原则　　　　　　　　　F. 差异化原则

G. <u>价值递增原则</u>　　　　　　　　H. 取舍原则

I. 创新原则　　　　　　　　　　J. <u>绿色发展原则</u>【2017 年、2018 年考过】

K. <u>集约发展原则</u>　　　　　　　　L. 循环发展原则

M. <u>弹性发展原则</u>　　　　　　　　N. 针对性原则

 【考点细说与习题汇编】

1. 上述备选项在考题中互相作为干扰选项。命题时还可能会考核的题目有：

（1）企业发展规划报告编制时应符合的原则有（BEFGHI）。

（2）园区发展规划报告编制时应符合的原则有（JKLMN）。

2. 在考试时对编制原则的考查，还可能是<u>给出具体的策略或做法，要求判断体现哪种原则，或者判断是否符合编制原则</u>（这种题型一般是综合题目）。

3. 关于产业发展规划报告编制原则，命题时还可能会考核的题目有：

（1）编制产业发展规划报告时，以战略的眼光审视行业的未来，在宏观背景下思考产业的发展，提出产业未来发展的方向性建议。体现了产业发展规划报告编制原则中的（A）。

（2）编制产业发展规划报告时，关注产业链的构成和用户群的培育，产业的连续和可拓展性，兼顾近期利益和长远利益的关系。体现了产业发展规划报告编制原则中的（C）。

（3）产业发展规划要充分考虑发展条件和投资意向，通过有效的措施将规划的内容转化为切实可行的实施方案。体现了产业发展规划报告编制原则中的（D）。

4. 关于企业发展规划报告编制原则，命题时还可能会考核的题目有：

（1）企业发展规划要立足于企业的长远发展，努力创造百年优秀企业。体现了企业发展规划报告编制原则中的（E）。

（2）企业着力于价值最大化，使资源和资金可以得到充分利用，使投入产出处于较优状态。体现了企业发展规划报告编制原则中的（G）。

（3）企业发展规划要回答什么可做、该做、能做、想做、敢做，什么是可选择的，要对业务发展方向进行明确的界定。体现了企业发展规划报告编制原则中的（H）。

5. 关于园区发展规划报告编制原则，命题时还可能会考核的题目有：

（1）坚持"树立底线思维，严守资源消耗上限、环境质量底线、生态保护红线"，注重区域生态环境的保护，优化空间布局、调整产业结构、控制发展规模、保障生态功能，贯彻落实推动绿色发展的要求。体现了园区发展规划报告编制原则中的（J）。

（2）坚持统一规划供水、供电、物流运输、供热、工业气体、污水处理、环境保护、安全应急等设施，实现公用工程及基础设施一体化，提高资源利用效率。体现了园区发展规划报告编制原则中的（K）。

（3）园区发展规划应推进企业、项目之间在产业链衍生方向上建立相互配套、分工协作、产业共生关系。体现了园区发展规划报告编制原则中的（L）。

（4）坚持高起点整体规划、分步实施、重点开发的原则，立足于规划实施的可行性和预见性，协调好近期建设与远景规划的关系。体现了园区发展规划编制原则中的（M）。

考点4　产业发展规划报告的重点内容

（题干）根据产业发展规划的任务和特点，产业发展规划报告编制要完成产业现状分析、产业发展定位和目标、提出规划实施方案三方面工作。其中产业现状分析的重点是（ABCD）。

A. 外部环境分析　　　　　　　　　B. 内部资源分析

C. 产业政策分析　　　　　　　　　D. SWOT 分析

E. 确定适合的主导产业　　　　　　F. 明确产业规模

G. 构造产业体系　　　　　　　　　H. 理清产业发展次序和空间布局

I. 详细论述产业框架结构　　　　　J. 论述产业发展思路

K. 论述产业布局　　　　　　　　　L. 规划备选项目

M. 论述外部条件需求　　　　　　　N. 论述建设时序

 【考点细说与习题汇编】

1. 基于上述选项，命题时还可能会考核的题目有：

（1）若编制石化产业发展规划，在明确石化行业发展的现状和阶段水平后，预测主要石化产品的市场，分析技术发展水平对行业竞争力的影响。体现了产业现状分析的（A）。

（2）对区位、自然气候、土地、交通运输、能源结构、水资源、公共基础设施、科技、人才等生产力要素条件进行逐一调查和分析，体现了产业现状分析的（B）。

（3）产业发展定位是规划的核心内容，是规划的纲领，其内容包括（EFGH）。

（4）规划实施方案是产业发展规划的重点内容，其内容包括（IJKLMN）。

2. 关于该考点，一定要梳理清楚，外部环境分析和内部资源分析的具体内容。为方便记忆，下面以表格的形式来总结：

外部环境分析	内部资源分析
（1）宏观环境分析。重点关注政治环境、法律环境、经济环境、社会环境和自然环境。 （2）行业环境分析。包括产业环境、市场环境和技术环境分析，是外部环境分析的最重要内容，与规划实施方案关系最密切。 （3）竞争环境分析。主要从区域经济发展差异化角度，寻求产业发展的比较优势	（1）要对规划主体的产业现状进行充分调研和深刻理解。 （2）要对规划依托的生产力要素条件进行逐项分析。 （3）资源型产业要进行资源条件分析，包括当地及周边地区的一次能源的资源储量、开采能力、资源品种、资源利用规划。 （4）对当地的环境、生态、能源等情况进行调查和分析

3. 考生还要注意产业发展规划规划的总体目标和具体目标

总体目标：产业规模、主要产品生产能力、工业产值、工业增加值、投资等指标。

具体目标：分类产业的能力、产量等指标，也包括资源能源使用、环境保护、科技创新等指标。

4. 学习该考点内容时，应与企业发展规划报告的重点内容对比记忆。

考点 5　产业发展规划的理论和方法

（题干）产业发展规划分析工作中，主要采用的方法有（FGHIJKLMNOPQRSTUV）。

A. 文献收集法　　　　　　　　　　B. 现场调研法

C. 会议座谈法　　　　　　　　　　D. 案例调查法

E. 抽样调查法　　　　　　　　　　F. SWOT 分析

G. 宏观环境分析　　　　　　　　　H. 环境性质识别

I. 差异化战略　　　　　　　　　　J. 产业生命周期

K. 波特五力模型　　　　　　　　　L. 市场结构分析

M. 价值链分析　　　　　　　　　　N. 区域竞争优势分析—钻石模型

O. 波士顿模型　　　　　　　　　　P. 竞争能力组合评估

Q. 趋势预测法　　　　　　　　　　R. 相关分析法

S. 层次分析　　　　　　　　　　　T. 非参数统计分析

U. 需求弹性分析　　　　　　　　　V. 成本分析

W. 头脑风暴法　　　　　　　　　　X. 专家咨询法

Y. 创新策划法　　　　　　　　　　Z. 标杆分析

【考点细说与习题汇编】

1. 基于上述选项，命题时还可能会考核的题目有：

(1)下列产业发展规划分析方法中，属于分析阶段定性分析方法的有（FGHIJKLMNOP）。

(2)下列产业发展规划分析方法中，属于分析阶段定量分析方法的有（QRSTUV）。

(3)下列产业发展规划分析方法中，属于调研阶段分析方法的有（ABCDE）。

(4)下列产业发展规划分析方法中，属于策划阶段分析方法的有（QWXYZ）。

(5)从潜在进入者、替代品、购买者、供应者和现有竞争者之间的抗衡来分析产业结构基本框架、产业竞争强度或产业利润率的分析方法是（K）。

2. 产业发展规划工作可以采用的理论包括区域合作理论、城市定位理论、区域定位理论、产业集群理论、产业布局理论、产业发展周期理论、产业政策理论、营销理论等。

3. 学习该考点内容时，应与企业发展规划的分析方法对比记忆。

考点6 项目规划的编制大纲

（题干）下列编制内容中，属于产业发展规划编制大纲内容的有（ABCDEFG）。

A. 产业现状、存在问题	B. 发展环境
C. 指导思想、规划原则及发展目标	D. 产业发展规划
E. 重点规划项目	F. 支撑体系规划
G. 规划效果分析	H. 规划编制背景
I. 安全生产规划	J. 节能减排分析
K. 总体布局规划	L. 搬迁安置及生活基地规划
M. 公用设施规划	N. 能源利用规划

 【考点细说与习题汇编】

产业发展规划编制规划大纲、企业发展规划编制大纲、工业园区发展规划编制大纲的内容从左至右越来越多，越来越详细。编制规划大纲内容见下表：

产业发展规划编制大纲	企业发展规划编制大纲	工业园区发展规划编制大纲
总论	总论	总论
产业发展基础	—	规划分析
产业发展环境	企业发展环境分析	发展形势
指导思想、规划原则和发展目标	指导思想、规划原则和发展目标	规划指导思想、规划原则和发展目标
产业发展规划方案	产业发展规划	产业发展规划
重点规划项目	空间布局规划 支撑体系规划	总体布局规划 搬迁安置及生活基地规划

续表

产业发展规划编制大纲	企业发展规划编制大纲	工业园区发展规划编制大纲
支撑体系要求	环境保护及节能减排现状 安全生产规划	交通运输系统规划 公用设施规划 节能规划 环境保护规划 安全防灾规划
规划效果分析	规划效果分析	规划效果分析
规划保障措施及建议	规划实施建议	规划实施保障措施
—	—	规划附图

考点 7　企业发展规划报告的重点内容

（题干）企业发展规划报告编制重点是要做好规划分析、规划定位、规划实施方案三方面工作。在规划分析阶段要完成的工作内容有（AB）。

A. 企业现状调查与分析　　　　　　B. 企业发展环境分析

C. 明确产业规模　　　　　　　　　D. 明确产业体系

E. 明确产业层次及空间布局　　　　F. 明确企业发展方向

G. 明确业务结构　　　　　　　　　H. 明确重点任务

I. 制定规划实施计划　　　　　　　J. 提出保障和支撑体系建设

K. 预测规划效果

 【考点细说与习题汇编】

1. 基于上述选项，命题时还可能会考核的题目有：

（1）在企业发展规划定位阶段要完成的工作内容有（CDEFF）。

（2）规划实施方案要完成的工作内容有（GHIJK）。

2. 选项 A，企业现状调查重点是了解企业的发展过程、业务结构、经营状况、财务状况、资源占有等情况。

3. 选项 B，与产业发展规划的外部环境分析相比，企业发展规划的外部环境分析要更有针对性地研究对特定企业具有重要影响的外部环境因素。主要分为三方面：

（1）宏观：重点进行 PEST 分析，研判社会经济宏观大势，确定经济发展趋势和影响。

（2）中观：重点进行行业和市场分析，针对企业所在行业及未来可能进入的行业，分析行业特点、产品生命周期、行业主要驱动力和增长因素，预测行业供需结构变化，精准判断行业走势和把握市场趋势。

（3）微观：重点针对企业经营环境，判断行业竞争激烈程度，分析各种市场参与者的竞争与合作关系、终端顾客行为和需求、企业在目标市场的生存能力等。

这部分内容可能会考核单项选择题，注意区分分析重点。

4. 选项 H，重点任务内容既包括重点方向的任务，也包括产业布局、重点投资项目研究、资源配置方案、业务单元或业务部门重点工作等。

考点 8　企业发展规划的分析方法

（题干）关于企业发展规划中对标分析的说法，正确的有（ABCDEFGHI）。

A. 可将<u>竞争对手</u>作为标杆，比较经营战略的组成要素【2017 年考过】

B. 可将<u>行业领先企业</u>作为标杆，改进企业的内部经营，建立相应的赶超目标

C. 可<u>跨行业</u>选择恰当的技术标杆，以利于技术的跨行业渗透【2017 年考过】

D. 可将<u>客户需求</u>作为标杆，查找自身的不足并及时改进【2017 年考过】

E. 可将外部企业的<u>持久业绩</u>作为<u>自身企业的内部发展目标</u>【2017 年考过】

F. 是将企业各环节经营状况与竞争对手或行业内外一流的企业进行对照分析的过程

G. 对标分析强调以卓越企业作为学习和追赶对象，通过持续改善各项指标，强化企业竞争能力

H. 对标分析首先要确定对比领域和剖析内容

I. 竞争对手和行业领先企业通常是首选的标杆对象

 【考点细说与习题汇编】

1. 选项 B 可能设置的干扰选项是：可将行业平均水平为标杆作为自己的对比目标。

2. 选项 E 可能设置的干扰选项是：可将外部企业的未来业绩目标作为自身企业的内部发展目标。

3. 选项 ABCD 阐述的是标杆对象的选择。考试时可能会在此考查多项选择题。

4. 企业发展规划的工具主要有对标分析、竞争力分析、价值链分析以及 SWOT 分析。下面将可能考查到的知识点总结如下：

（1）企业竞争力评价中，九力模型综合评价效果较好。

九 力 模 型 指 标

属性指标	分指标	属性指标	分指标
外部属性 竞争力	品牌能力	内部属性 竞争力	资源能力
	研发能力		决策能力
	营销能力		执行能力
	制造能力		整合能力
	产品能力		—

（2）企业价值链分析的关键是要对<u>成本和利益在各经营环节中公平分配</u>，基于价值链分析，企业可以调整和改进公司供应链。当企业实现了成本控制、提高了作业业绩、增加了盈利能力以后，根据所发生的成本、投资等，对该价值链所增加的盈利进行公平分配【2018 年考过】。价值链分析的完整步骤：

① 把整个价值链分解为不同的创造价值的作业单元，将成本、收入和资产分配到"有价值的作业"中【2018 年考过】。

② 确定引起价值变动的各项作业，并根据这些作业，分析形成作业成本及其差异的原因。

③ 分析整个价值链中各节点或各节点企业之间的关系，确定企业内部核心单元的相关性，确定企业边界与顾客和供应商之间作业的相关性。

④ 利用分析结果，重新组合或改进价值链，以更好地控制成本动因，优化价值结构，使价值链的节点单元获得可持续的竞争优势。

考点9　园区发展规划报告的内容

（题干）关于一类工业园区用地布局的说法，正确的有（ABC）。

A. 可设置在城市住宅区的相邻地段

B. 用地和住宅区之间一般不需设置防护绿带

C. 可集中设置组成工业区，也可与居住用地混合布置，但应规划成组团设置相对独立

D. 用地应单独设置，不得与居住用地混杂

E. 宜位于污染物扩散条件好，以及环境容量大的地区

F. 应布置在远郊工业区和卫星城镇，老城区和城市近郊原则上不安排

G. 严禁设置在水源保护地和历史文化保护区、自然保护区

H. 应处于良好的生态环境或景色优美的环境之中

I. 连接城市主要道路，有便利的交通连接机场、车站

J. 以邻近高等教育院校或研究发展机构为宜

 【考点细说与习题汇编】

1. 在考题中，这些互相作为干扰选项。命题时还可能会考核的题目有：

（1）二类工业园区用地布局符合规定的有（DE）。

（2）三类工业园区用地布局符合规定的有（FG）。

（3）高新技术园区用地布局符合规定的有（AGHIJ）。

2. 园区发展规划报告的内容包括 14 项，分别是：① 总则：规划范围、期限及编制依据；② 规划统筹协调；③ 发展定位、目标与规模；④ 产业发展规划；⑤ 总体布局规划；⑥ 空间组织与用地规划；⑦ 交通系统规划；⑧ 绿地和景观系统规划；⑨ 市政基础设施规划与园区生活服务配套设施；⑩ 综合防灾规划；⑪ 环境保护规划；⑫ 重点支撑项目及其投资与效益分析；⑬ 规划保障措施；⑭ 规划主要图纸。

3. 关于二类工业用地布局还应注意：

不得在城市水源地上游地区布置有水污染物排放的企业，不得在城市上风向布置有气体污染物排放的企业，需要较为完善的道路系统，应布置在交通运输好集散方便的地方；应配备有足够空间设置废污处理设施。

4. 关于环境保护规划内容中，要注意区分园区污染物控制指标。

水污染物控制的目标和指标	大气污染物控制目标和指标	固体废物减量化、资源化和无害化目标和指标
（1）单位工业增加值废水排放量。 （2）单位工业增加值COD、氨氮及主要特征污染物排放量。 （3）园区污水集中处理率。 （4）工业废水稳定达标排放率。 （5）中水回用率	（1）单位工业增加值废气排放量。 （2）单位工业增加值SO_2、NO_x及主要特征污染物排放量。 （3）大气治理设施的有效运行率。 （4）主要大气污染物排放达标率	（1）单位工业增加值工业固体废物排放量。 （2）工业固体废物综合利用率。 （3）危险废物安全处置率

第三章　项目可行性研究报告

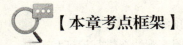【本章考点框架】

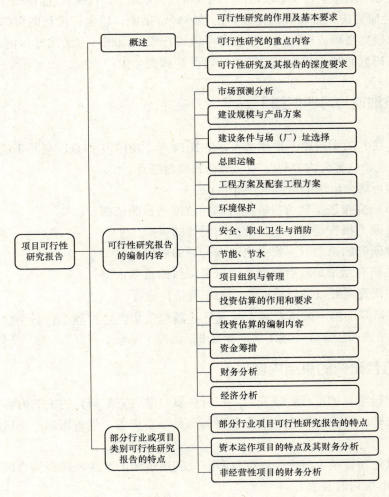

```
                                            ┌─ 可行性研究的作用及基本要求
                              ┌─ 概述 ──────┼─ 可行性研究的重点内容
                              │             └─ 可行性研究及其报告的深度要求
                              │
                              │             ┌─ 市场预测分析
                              │             ├─ 建设规模与产品方案
                              │             ├─ 建设条件与场（厂）址选择
                              │             ├─ 总图运输
                              │             ├─ 工程方案及配套工程方案
                              │             ├─ 环境保护
                              │             ├─ 安全、职业卫生与消防
  项目可行性 ──┼─ 可行性研究报告 ─────┤
  研究报告              的编制内容          ├─ 节能、节水
                              │             ├─ 项目组织与管理
                              │             ├─ 投资估算的作用和要求
                              │             ├─ 投资估算的编制内容
                              │             ├─ 资金筹措
                              │             ├─ 财务分析
                              │             └─ 经济分析
                              │
                              │  部分行业或项目  ┌─ 部分行业项目可行性研究报告的特点
                              └─ 类别可行性研究 ─┼─ 资本运作项目的特点及其财务分析
                                 报告的特点     └─ 非经营性项目的财务分析
```

【本章考点精讲精练】

考点 1　可行性研究的作用及基本要求

（题干）关于可行性研究作用及基本要求的说法，正确的有（ABCDEFGHIJ）。

A. 对政府投资项目，可行性研究的结论是<u>政府投资主管部门审批决策的依据</u>

B. 对企业投资项目，可行性研究的结论是<u>企业内部投资决策的依据</u>

C. 对属于《核准目录》内、须经政府投资主管部门核准的投资项目，可行性研究结论又可以作为编制项目申请书的依据

D. 可行性研究报告是<u>筹措资金和申请贷款的依据</u>【2018 年考过】

E. 可行性研究是<u>编制初步设计文件的依据</u>【2014 年考过】

F. 可行性研究应对未来的市场需求、投资效益或效果进行预测和估算

G. 可行性研究必须坚持实事求是，在调查研究的基础上，按照客观情况进行论证和评价

H. 可行性研究应认真研究确定项目的技术经济措施，以保证项目的可靠性

I. 可行性研究必须应用现代科学技术手段进行市场预测、方案比选与优化

J. 可行性研究必须重视生态文明、环境保护和安全生产

 【考点细说与习题汇编】

1. 可行性研究的作用属于重要考点，在 2014 年、2018 年都是以判断正确与错误说法的单项选择题出现，这部分内容也是多项选择题的命题点。

2. 本题中可能会出现的错误选项如下：

A. 可行性研究报告是政府投资主管部门核准项目的依据

B. 可行性研究报告是进行项目施工图设计的依据

C. 可行性研究结论是取得安全生产许可证的依据

D. 可行性研究结论是政府审批企业投资项目的重要依据

E. 可行性研究需要以项目核准要求为主要依据进行

3. 可行性研究的基本要求是具有<u>预见性、客观公正性、可靠性、科学性、合规性</u>。选项 F 体现了预见性；选项 G 体现了客观公正性；选项 I 体现了科学性；选项 J 体现了合规性。

考点 2　可行性研究的重点内容

（题干）建设项目的可行性研究中，投资估算与融资方案研究的主要内容包括（HIJ）。

A. 分析拟建项目对实现企业自身发展，满足社会需求，促进国家、地区经济和社会发展等方面的必要性

B. 分析拟建项目是否符合合理配置和有效利用资源的要求，是否符合区域规划、行业发展规划、城市规划的要求

C. 分析拟建项目是否符合国家产业政策和技术政策的要求，是否符合保护环境、可持续发展的要求

D. 调查、分析和预测拟建项目产品（或服务）和主要投入品的国际、国内市场的供需状况和销售价格

E. 研究确定产品的目标市场

F. 在竞争力分析的基础上，预测可能占有的市场份额

G. 研究产品的营销策略

H. 估算项目的建设投资

I. 研究分析项目的融资主体，资金来源的渠道和方式，资金结构及融资成本、融资风险

J. 比较、选择和确定融资方案

K. 进行财务盈利能力、偿债能力分析以及财务生存能力分析，评价项目的财务可行性

L. 识别与估算项目产生的直接和间接的经济费用与效益

M. 分析项目建设对社会经济所做出的贡献以及项目所耗费的社会资源，评价项目的经济合理性

N. 对于非盈利性项目以及基础设施、服务性工程等，主要分析投资效果以及财务可持续性

【考点细说与习题汇编】

1. 基于上述选项，命题时还可能会考核的题目有：

（1）建设项目的可行性研究中，项目建设必要性分析的主要内容包括（ABC）。

（2）建设项目的可行性研究中，市场与竞争力分析的主要内容包括（DEFG）。

（3）建设项目的可行性研究中，财务分析与经济分析的主要内容包括（KLMN）。

2. 项目可行性研究的内容，因项目的性质不同、行业特点而异。可行性研究的重点内容包括项目建设的必要性、市场与竞争力分析、建设方案、投资估算与融资方案、财务分析（也称财务评价）与经济分析（也称国民经济评价）、经济影响分析、资源利用分析、土地利用及移民搬迁安置方案分析、社会评价或社会影响分析、风险分析。

3. 关于该考点还有可能会给出具体的研究策略或方法，让考生来判断属于项目可行性研究的哪项内容，比如：

投资项目的可行性研究中，分析主要利益相关者的需求和对项目的支持和接受程度，属于（社会评价或社会影响分析）的工作内容。

4. 关于经济影响分析应掌握以下两点内容：

对于行业、区域经济及宏观经济影响较大的项目，还应从行业影响、区域经济发展、产业布局及结构调整、区域财政收支、收入分配以及是否可能导致垄断等角度进行分析。

对于涉及国家经济安全的项目，还应从产业技术安全、资源供应安全、资本控制安全、产业成长安全、市场环境安全等角度进行分析。

考点3　可行性研究及其报告的深度要求

（题干）关于可行性研究及其报告内容编制深度要求的说法，正确的有（ABCDEFGHIJK）。

A. 可行性研究报告应达到内容齐全、数据准确、论据充分、结论明确的要求，以满足决策者定方案、定项目的需要

B. 可行性研究要以市场为导向，围绕增强核心竞争力做工作，以经济效益或投资效果为中心，最大限度地优化方案，提高投资效益或效果

C. 可行性研究应对项目可能的风险做出必要的提示

D. 可行性研究中选用的主要设备的规格、参数应能满足预订货的要求【2016 年考过】

E. 可行性研究中的重大技术、财务方案，应有两个以上方案的比选【2016 年、2017 年考过】

F. 可行性研究中确定的主要工程技术数据，应能满足项目初步设计的要求

G. 可行性研究阶段对投资和成本费用的估算应采用分项详细估算法【2016 年考过】

H. 可行性研究投资估算的准确度应能满足决策者的要求【2017 年考过】

I. 可行性研究确定的融资方案，应能满足项目资金筹措及使用计划对投资数额、时间和币种的要求，并能满足银行等金融机构信贷决策的需要

J. 可行性研究报告应反映可行性研究过程中出现的对某些方案的重大分歧及未被采纳的理由，以供决策者权衡利弊进行决策

K. 可行性研究报告应符合国家、行业、地方或公司有关法律、法规和政策，符合投资方或出资人有关规定和要求

 【考点细说与习题汇编】

1. 选项 D 可能设置的干扰选项是：设备方案不需要提供主要设备的规格、型号和材质数据。

2. 选项 G 可能设置的干扰选项是：投资和成本费用的估算不需采用分项详细估算法。

3. 该考点是典型判断正确与错误说法的综合题型，如果以后考查的话多数也会是这种题型。

考点 4　市场预测分析

（题干）下列项目可行性研究报告编制内容中，属于市场竞争力分析编制内容的（ABCDEFG）。

A. 目标市场选择与结构分析【2018 年考过】

B. 主要用户分析

C. 主要竞争者分析

D. 产品质量与结构分析【2018 年考过】

E. 产品成本和盈利空间分析【2018 年考过】

F. 企业在组织管理和营销等方面的优劣势分析

G. 产品竞争力综合分析

H. 产品用途分析

I. 市场供应现状及预测

J. 市场需求现状及预测

K. 市场供需平衡分析

L. 主要投入物供应现状

M. 主要投入物供需平衡预测

N. 产品价格现状及预测

O. 主要原辅材料、燃料、动力价格现状及预测

P. 风险因素的识别

Q. 风险程度估计

R. 风险对策与反馈

【考点细说与习题汇编】

基于上述选项，命题时还可能会考核的题目有：

（1）下列项目可行性研究报告编制内容中，属于<u>产品竞争力优劣势分析</u>编制内容的有（CDEFG）。

（2）下列项目可行性研究报告编制内容中，属于<u>产品（服务）市场分析</u>编制内容的有（HIJK）。

（3）下列项目可行性研究报告编制内容中，属于<u>主要投入物市场预测</u>编制内容的有（LM）。

（4）下列项目可行性研究报告编制内容中，属于主要<u>投入物与产出物价格预测</u>编制内容的有（NO）。

（5）下列项目可行性研究报告编制内容中，属于<u>市场风险分析</u>编制内容的有（PQR）。

考点5　建设规模与产品方案

（题干）产品方案是指拟建项目的主导产品、辅助产品或副产品及其生产能力的组合方案。可行性研究中产品方案研究的内容包括（ABCDEFGHIJ）。

A. 产品品种【2010年考过】　　　B. 产品产量【2010年考过】

C. 产品规格　　　　　　　　　　D. 质量标准

E. 工艺技术　　　　　　　　　　F. 产品材质

G. 产品性能　　　　　　　　　　H. 产品用途【2010年考过】

I. 产品价格　　　　　　　　　　J. 产品内外销比例

K. 生产设备

【考点细说与习题汇编】

建设规模研究应考虑的影响因素和内容以及建设规模的合理性分析和确定建设规模的主要方法在第七章给大家讲述。

考点6　建设条件与场（厂）址选择

（题干）建设条件与场（厂）址选择是项目可行性研究报告的重要内容之一，其中建设条件包括（ABCDEF）。

A. 建厂地点的<u>自然条件</u>　　　　B. 建厂地点的<u>社会经济条件</u>

C. <u>外部交通运输状况</u>　　　　　D. <u>公用工程条件</u>

E. <u>用地条件</u>　　　　　　　　　F. <u>生态、环境条件</u>

【考点细说与习题汇编】

1. 注意 A 选项，自然条件包括地理条件，地形、地貌条件，工程地质、水文地质条件，地震烈度、设防等级，区域地质构造情况，自然、气象条件，洪涝水位，建厂地域的洪水位（50 年、100 年一遇），防洪水位及泥石流情况。

2. 场（厂）址选择包括渣场（填埋场）或排污场（塘）地的选择。

3. 关于该考点还要掌握地质灾害危险性评估的内容，可能会考查多项选择题，内容包括：

<u>（1）工程建设可能诱发、加剧地质灾害的可能性。</u>

<u>（2）工程建设本身可能遭受地质灾害危害的危险性。</u>

<u>（3）拟采取的防治措施</u>【2010 年考过】。

考点 7　总图运输

（题干）关于项目可行性研究报告中总图运输的说法，正确的有（ABCDEFGHIJKLMNOP）。

A. 总图运输方案研究根据总图布置方案，确定项目用地，合理的总图布局

B. 改、扩建和技术改造项目，要介绍<u>原有企业总图、运输</u>等情况

C. 对大型联合项目应进行总体布置研究

D. 总体布置中，近期集中布置，远期预留发展，分期征地，<u>严禁先征待用</u>

E. <u>自然地形坡度较大，应做竖向方案比较</u>

F. 施工、生产、运输等方面有特殊要求时，应做竖向方案比较

G. 全厂运输应尽可能<u>依托社会运输力量</u>【2018 年考过】

H. 对于建设规模较大的项目，全厂运输应对自建和依托社会做技术经济比较

I. <u>全场运输量表中应说明货物的包装方式</u>【2018 年考过】

J. 厂内道路应做到<u>人流、货流分道行驶</u>

K. 铁路运输应说明区域运输能力，编组站接纳能力

L. 水路运输应说明水运航道和河流宽度及深度

M. 对于易燃、易爆、剧毒等特殊化学品运输，<u>应根据有关规定制定特别运输方案</u>【2018 年考过】

N. 运输主要工程量，应说明各种运输设施和运输车辆的确定与数量

O. 储运方案应说明储存周期的确定以及储存量的确定理由

P. 一般中小型项目或管网占投资比重较小时，厂区外管网内容可以简化

【考点细说与习题汇编】

1. 该考点在考试时适合考查判断正确与错误说法的综合题目。

2. 选项 G 可能会设置的干扰选项是：全场运输应全部依托合建运输力量。

3. 选项 J 可能会设置的干扰选项是：厂区内应考虑人流和货流同道以节省土地。

考点 8　工程方案及配套工程方案

（题干）下列关于工程方案及配套工程的说法，正确的有（ABCDEFGHIJKLMNOPQR）。

A. 工程方案是<u>研究论证主要建筑物、构筑物的建造方案</u>

B. <u>业主码头通常不属于公用和辅助工程</u>【2014 年考过】

C. 工程方案应说明结构设计的原则

D. 对改、扩建项目，应重点论述已有各种水系统现状、富余能力、为新建项目可提供的能力等情况

E. 给水、排水工程方案应明确用水量和排水量

F. 给水、排水工程方案应说明中水回用系统的水源，水质和回用水水质、供水压力

G. 供电工程方案应说明项目所在地域电力供应现状，发电厂、区域变电所输电线路现状和发展规划等情况

H. 供电工程方案应说明项目总用电负荷和各装置、设施、单元用电负荷

I. 供电方案的选择与比较，<u>包括外供电源方案</u>

J. 对自备小型柴油发电机需要说明机型、燃料供应及发电成本

K. 高压供电，<u>要单独设置变配电</u>【2018 年考过】

L. 电缆，说明<u>高低压电缆的敷设方式</u>

M. 对全厂不同的供电方案进行比较与选择，确定供电方案

N. 给出依托老厂提供的供电设施和能力的使用条件和价格

O. 依托社会或区域配套的，应附有关使用条件和价格协议

P. 电信系统与工程方案应说明投资项目所在地区电信网建设和运行情况以及发展规划

Q. 对于新建供热工程项目重点论述<u>拟建场（厂）址周围的依托情况</u>

R. 对改、扩建和技术改造供热工程项目，应重点论述已有供热系统现状、近期发展规划、富余能力、为新建项目提供能力、潜在能力等情况

【考点细说与习题汇编】

1. 该部分内容较多，处处是考点，备考复习时要注意对细节的掌握。

2. 选项 B 中，业主码头属于厂外配套工程。注意区分<u>公用和辅助工程与厂外配套工程</u>。<u>公用和辅助工程</u>一般包括给水排水工程、供电与通信工程、供热工程、空调系统、采暖通风系统、压缩风（含压缩空气、仪表空气）和氮气等系统以及分析化验、维修设施、仓储

设施等。在设置干扰选项时，可能会这样设置：业主码头通常属于公用和辅助工程。业主码头属于厂外配套工程。

厂外配套工程除了业主码头，还包括防洪设施（如防潮防浪堤、防洪坝、导洪坝和导洪渠等）、铁路专用线、道路，水源及输水管道，排水（包括污水管道、雨水和清净废水管道）管道，供电线路及通信线路，供热及原材料输送管道，厂外仓储及原材料堆场，固体废弃物堆场，危险废物填埋场或处置场，固体物料输送工程等。

3. 其他辅助与公用设施编制内容应包括以下几方面：① 仓储设施及堆场；② 氮氧站及空压站；③ 冷冻站；④ 采暖、通风和空气调节；⑤ 中心化验室；⑥ 其他辅助生产设施。

4. 厂外配套工程编制内容包括：

（1）说明给水水源的选择，取供水设施、输水线路等。

（2）说明码头规模。

（3）说明公路、铁路或管道的距离。

（4）供电线路和接线建设方案应由专业咨询机构完成。

（5）其他场外工程，如长输管线（输气、汽等）、皮带输送等。

5. 关于该考点还需要掌握防震抗震编制内容。考试时可能会考查多项选择题，内容包括：

（1）编制依据。

（2）工程地质地震灾害的概况：

① 工程地质概况、地形、地貌、工程地质特征；

② 抗震设防主要参数，抗震设防烈度；

③ 工程场地类别；

④ 设计地震分组；

⑤ 设计基本地震加速度【2018 年考过】；

⑥ 工程场地水平地震影响系数（最大值）；

⑦ 地震特征、周期值。

（3）抗震设计原则及措施：

① 场（厂）址选择和总图布置应符合抗震要求；

② 建（构）筑物设计应符合抗震要求，采取措施；

③ 主要设备、储罐、管道、电气等防范应符合抗震要求，采取的主要措施。

考点 9 环境保护

（题干）下列关于环境保护篇（章）编制内容的说法，正确的有（ABCDEFGHIJKLMN）。

A. 简要说明投资项目场（厂）址的地理位置、所在地区的自然环境和社会环境概况

B. 说明投资项目可能涉及的环境敏感区分布和保护现状

C. 分析说明所在地区环境质量受污染的主要原因

D. 简要说明投资项目所在地区环境容量，主要污染物排放总量控制及排放指标要求

E. 改、扩建和技术改造项目应简述企业的环境保护现状，分析说明其存在的主要环境保护问题，以及是否需要采取"以新带老"措施

F. 简述投资项目所在工业园区的环境保护现状，分析说明其存在的主要环境保护问题

G. 分析说明投资项目在生产过程中的主要污染源及主要污染物

H. 简述投资项目贯彻执行清洁生产、循环经济、节能减排和保护环境原则

I. 从源头控制到末端治理全过程所采取的环境保护治理措施及综合利用方案

J. 说明投资项目<u>环境管理</u>机构的设置情况

K. 说明投资项目环境<u>监测计划</u>

L. 说明投资项目环境监测机构的设置情况

M. 说明投资项目<u>环境保护投资</u>

N. 简述投资项目实施对环境及环境敏感区的影响

 【考点细说与习题汇编】

1. 本题中可能会出现的错误选项如下：

A. 环境质量现状分析只考虑项目界区内

B. 环境保护编制内容不应考虑环境监测

2. 建设项目实行环境保护<u>一票否决权</u>。在<u>项目建设方案研究中必须包括环境保护方案的研究，并形成相应的环境保护篇（章）</u>。

3. 选项 ABCD 为项目所在地区环境质量现状与分析内容。选项 E、F 为企业（工业园区）环境保护现状与分析。

4. 针对选项 K，应了解环境监测计划包括<u>监测点、监测因子、监测频次和分析方法</u>。

考点 10　安全、职业卫生与消防

（题干）生产过程中可能产生的危险有害因素分析包括（ABCDE）。

A. 危险物品的特性分析

B. 首批重点监管的危险物品

C. 首批重点监管的危险生产工艺

D. 重大危险源分析

E. 生产过程中可能产生的危险有害因素分析

F. 自然危害因素分析

G. 周边环境危害因素分析

H. 周边环境职业危害因素分析

I. 项目生产过程中可能产生的职业病危害因素和职业病分析

J. 可能接触职业病危害因素的部位和人员分析

 【考点细说与习题汇编】

1. 基于上述选项，命题时还可能会考核的题目有：

（1）下列属于环境危害因素分析的有（FG）。

（2）职业病危害因素和职业病分析包括（HIJ）。

2. 关于该考点还要掌握关于消防的知识点。可行性研究阶段的消防篇章编制内容应包括：

（1）编制依据。

（2）描述项目临近单位和消防部门的消防设施和协作条件。

（3）在储存、生产过程、运输过程等各个环节的火灾危险性。

（4）各生产部位、建筑物、厂房等产生火灾的危险性。

（5）采用的防火措施及配置的消防系统。

考点 11　节能、节水

（题干）节能贯穿到建设项目的技术方案、设备选择、节能措施、节能管理等各个方面。节能篇章的编制内容包括（ABCDEFG）。

A. 应列出项目所需能源的品种、数量

B. 应简述能源利用特点及合理性

C. 技术改造与改扩建项目要给出现有装置用能状况

D. 简述能源供应状况，分析能源来源、供应能力、供应方案、长期供应稳定性、在量和价方面对项目的满足程度、存在问题及风险

E. 阐述项目节能分析与措施

F. 对于产品可作能源使用的项目，应计算能源转换效率

G. 对能耗进行分析

 【考点细说与习题汇编】

1. 建设项目实行节能评价一票否决权。建设项目在可行性研究阶段同时要开展节能评价，按照规定编报节能评价有关文件。

2. 选项 E，节能分析与措施包括：

（1）全厂综合性节能技术和措施。

（2）装置节能技术和措施：① 工艺技术节能；② 公用工程、辅助生产设施节能措施；③ 设备、材料节能；④ 自动控制方案节能；⑤ 电气方案节能；⑥ 总体布置、装置布置和管道布置方案节能；⑦ 采暖通风方案节能；⑧ 建筑方案节能。

3. 选项 G，能耗分析包括：① 全厂能耗构成及分析；② 单位产品能耗分析。

4. 掌握了节能篇章内容之后，再看一下考试涉及节水篇章内容的相关知识点：

（1）应列出项目所需水资源的品种、数量。

（2）简述水资源利用特点及合理性。

（3）给出技术改造与改扩建项目现有装置用水情况。

（4）简述水资源供应状况。

（5）分析水源、供应能力、供应方案、长期供应稳定性、在量和价方面对项目的满意程度、存在问题及风险。

（6）说明项目总体用水和水资源利用的合理性。

（7）列出水耗指标并进行分析。

（8）根据项目用水的构成和用水特点，分析节水的潜力。

（9）应进行用水计量和管理。

考点 12 项目组织与管理

（题干）建设项目建设期间的组织管理对项目的成功组织与实施有着重要作用。下列关于组织机构与人力资源配置的说法，正确的有（ABCDEFGHIJ）。

A. 人力资源配置要在符合法律法规原则下，务求精简

B. 境外投资项目尤其要注意所在国或地区的劳动法和国情以及民族宗教因素

C. 人力资源配置包括按劳动效率计算定员、按劳动定额定员

D. 可行性研究阶段应根据需要提出提前进场人员时间和数量，提出投产前员工培训计划

E. 境外投资项目，尤其是在不发达地区投资时，应重视员工的培训

F. 组织机构与人力资源配置的编制内容包括企业管理体制及组织机构设置

G. 应结合项目具体情况提出生产运转班制和人员配置计划

H. 改、扩建和技术改造项目要说明原有人力资源的利用和安置计划

I. 对不同的岗位应做定性的描述，对岗位的技能要求，要根据采用工艺的技术要求进行简述

J. 改、扩建和技术改造项目，要尽量依托原有熟练工人和技术、管理人员

 【考点细说与习题汇编】

1. 选项 C 中，除了按劳动效率计算定员、按劳动定额定员，还包括按设备计算定员、按岗位计算定员、按比例计算定员、按组织机构职责范围和业务分工计算管理人员人数，或按照经验数据和管理人员占总员工的比例计算管理人员人数。

2. 如果复习时间充足的话，可以了解一下代建制的内容。

（1）国务院《关于投资体制改革的规定》，要求对采用直接投资方式的非经营性政府投资项目加快实行代建制。

（2）代建项目原则上应通过竞标或评定短名单方式，从中择优选定专业化的项目管理单位代建；个别技术复杂、专业性强、具有特殊要求的项目，经政府投资主管部门批准，也可采用直接委托方式选定代建单位。

（3）代建单位一般应在项目可行性研究报告批准后确定。

考点 13　投资估算的作用和要求

（题干）关于投资估算的说法，正确的有（ABCDEFGHIJK）。

A. 投资估算是<u>投资决策</u>的依据

B. 投资估算是<u>制定项目融资方案</u>的依据

C. 投资估算是进行项目<u>财务评价、经济评价</u>的基础

D. 投资估算是<u>编制初步设计概算</u>的依据

E. 建设项目可行性研究阶段投资估算允许误差率为<u>±10%</u>以内

F. 估算的准确度应能满足项目决策的要求

G. 估算的工程内容和费用构成齐全，计算合理，不提高或者降低估算标准，不重复计算或者漏项少算

H. 估算的范围应与项目建设方案所涉及的范围、所确定的各项工程内容相一致

I. 估算应做到方法科学、基础资料完整、依据充分

J. 估算选用的指标与具体工程之间存在标准或者条件差异时，应进行必要的换算或者调整

K. 估算内容的划分应符合行业规范，有利于建设项目的管理与实施阶段的过程控制

 【考点细说与习题汇编】

1. 选项 E 要注意数字"±10%"，可能会作为采分点考查单项选择题。

2. 投资估算<u>必须达到的六个要求</u>，可能会考查多项选择题。选项 F～K 为六项要求。

考点 14　投资估算的编制内容

（题干）按照<u>项目划分</u>，建设投资估算分为（ABCD）估算。

A. 固定资产费用　　　　　　　　　B. 无形资产费用

C. 其他资产费　　　　　　　　　　D. 预备费用

E. 设备及工器具购置费用　　　　　F. 安装工程费用

G. 建筑工程费用　　　　　　　　　H. 其他工程费用

I. 静态投资　　　　　　　　　　　J. 动态投资

 【考点细说与习题汇编】

1. 基于上述选项，命题时还可能会考核的题目有：

（1）按照<u>费用划分</u>，建设投资估算分为（EFGH）。

（2）按照<u>对投资项目投资控制的要求</u>，建设投资估算分为（IJ）。

2. 改、扩建和技术改造项目投资估算数据包括<u>"现状""新增""有项目""无项目""增量"投资</u>。

3. 流动资金估算采用<u>分项详细估算法</u>，包括<u>应收账款、存货、现金、应付账款</u>等费用估算。这部分内容会考查案例分析题。

4. 项目总投资，包括<u>建设投资、建设期利息和流动资金</u>。无论项目是否需要向政府报批，财务分析中都采用项目总投资概念。

考点 15　资金筹措

（题干）关于资金筹措的说法，正确的有（ABCDEFG）。

A. 资金筹措包括<u>权益资金和债务资金</u>筹措

B. 债务资金来源应有债权人的承诺

C. <u>资金来源包括权益资本、债务资金、准股本资金、融资租赁</u>

D. 上报国家和地方政府有关部门审批的项目，<u>30%的铺底流动资金必须是权益资本</u>

E. 资企筹措的编制内容中，应说明项目债务资金的来源及方式，给出债务资金的使用条件

F. 资企筹措的编制内容中包括资金使用计划

G. 进行融资成本分析时，主要计算<u>债务资金成本、权益资本成本和加权平均资金成本</u>

 【考点细说与习题汇编】

1. 选项 C 可能会单独考查多项选择题。

2. 选项 D 可能会单独成题，考查单项选择题。

3. 资金筹措的编制内容包括资金来源、中外合资经营项目资金筹措、资金使用计划、融资成本分析、融资风险分析、融资渠道分析。

考点 16　财务分析

（题干）财务分析编制内容中包括财务分析的依据及说明、财务分析报表、财务分析指标。下列指标属于<u>盈利能力静态分析指标</u>的有（ABCDEFGHI）。

A. 项目息税前利润（EBIT）　　　　B. 项目息税折旧摊销前利润（EBITDA）

C. 经济增加值（EVA）　　　　　　　D. 利润总额

E. 税后利润　　　　　　　　　　　　F. 项目投资回收期

G. 总投资收益率　　　　　　　　　　H. 资本金净利润率

I. 投资利税率　　　　　　　　　　　J. 财务内部收益率（FIRR）

K. 项目财务净现值（FNPV）　　　　L. 项目资本金财务内部收益率（EFIRR）

M. 投资各方财务内部收益率　　　　　N. 利息备付率

O. 偿债备付（覆盖）率　　　　　　　P. 借款偿还期

【考点细说与习题汇编】

1. 基于上述选项，命题时还可能会考核的题目有：

（1）下列财务分析指标中，属于<u>盈利能力动态分析指标</u>的有（JKLM）。

（2）下列财务分析指标中，属于<u>偿债能力分析指标</u>的有（NOP）。

2. 改、扩建和技术改造项目是使用"有无对比"分析法的典型项目。

新设项目法人项目，<u>"无项目"和"现状"均为零</u>，"有项目"状态即为拟建项目实现目标，此时"新增""增量""有项目"数据均相同。

既有项目法人项目，在确定的项目范围内，若"现状"在"无项目"状态下维持不变，且"有项目"对"现状"也不产生直接影响，则此时"新增"与"增量"相等。

考点 17　经济分析

（题干）经济分析是按合理配置资源的原则考察项目的经济合理性。下列关于经济分析作用的说法，正确的有（ABCDEFG）。

A. 可以正确反映项目<u>对社会福利的净贡献，评价项目的经济合理性</u>【2010 年、2012 年考过】

B. 可对<u>财务效益好、经济效益差的项目进行限制</u>【2010 年考过】

C. 可对<u>财务效益差、经济效益好的项目予以鼓励</u>【2010 年考过】

D. 可以作为<u>政府审批或核准项目的重要依据</u>

E. 可以为市场化运作的基础设施等项目提供财务方案的制定依据

F. 经济分析在方案比选和优化中可发挥重要作用

G. 有助于实现<u>企业利益、有效地将企业利益、地区利益与全社会利益的有机结合</u>【2010 年考过】

 【考点细说与习题汇编】

1. 经济分析的作用在考试中多以判断正确与错误说法的综合题目考查。还可能这样命题："项目经济分析的作用是（　　）。"

2. 注意区分财务分析与经济分析。考试时会将二者的作用互相作为干扰选项。财务分析的作用是：

（1）项目<u>决策</u>的重要依据。

（2）在项目方案<u>比选</u>中起着重要作用。

（3）配合投资各方谈判，促进平等合作。

（4）财务分析中的财务生存能力分析对非营利性项目决策发挥重要作用，特别是对<u>非经营性项目、社会公益性项目的财务可持续性的考察起着重要的作用。</u>

（5）财务分析可以作为经济分析的重要基础和依据。

3. 主要借助经济分析进行决策的项目也是需要掌握的，2018 年对此知识点进行了考查。要特别注意：项目公司自主决策的项目一般不要求做经济分析。

考点 18　部分行业项目可行性研究报告的特点

（题干）可行性研究及其报告的内容和侧重点，因项目的性质、特点不同有所差别。下列研究内容中，属于<u>交通运输项目</u>重点研究的内容有（ABCDEF）。

A. 项目对经济和社会发展的意义
B. 项目对区域综合运输网布局、路网布局方面的作用
C. 研究运量、线路方案，建设规模、技术标准
D. 研究建筑工程方案
E. 考虑搬迁和移民安置
F. 社会评价
G. 研究市场分析，建设规模和产品方案，原材料供应
H. 研究资源开发的合理性、拟开发资源的可利用量、自然品质、赋存条件和开发价值
I. 分析项目是否符合资源总体开发规划的要求
J. 分析项目是否符合资源综合利用、可持续发展的要求
K. 分析项目是否符合保护生态环境的有关规定

 【考点细说与习题汇编】

1. 可行性研究及其报告的内容和侧重点具有明显的行业特点。基于上述选项，命题时还可能会考核的题目有：
（1）下列研究内容中，属于<u>农业开发项目</u>重点研究的内容有（G）。
（2）下列研究内容中，属于<u>资源开发项目</u>重点研究的内容有（HIJK）。

2. 下面再了解水利水电项目可行性研究的重点内容。水利水电项目的主要工程方案是<u>主要建筑物方案</u>。需要重点研究：水利水电资源的开发利用条件，水文、气象、工程地质条件，坝型与枢纽布置，库区淹没与移民安置等。库区淹没和移民安置是极其重要的内容之一。

考点 19　资本运作项目的特点及其财务分析

（题干）资本运作类项目包括股票上市、兼并收购、特许经营类、风险投资等。下列关于风险投资项目特点的说法，正确的有（ABCDEF）。

A. 它是一种<u>早期投资</u>
B. 风险投资存在高风险，要求高回报高
C. 风险投资的收益<u>比传统投资方式高</u>
D. 风险投资的<u>期限较短</u>
E. 投资回报<u>主要来源于企业生产经营利润或股权的转让</u>
F. 风险投资多投向于高技术企业或高技术产业和高速成长的项目

【考点细说与习题汇编】

1. 选项 A 可能会设置的干扰选项是：它是成熟阶段的产业或产品。

2. 风险投资价值主要体现为权益的增值，一般作为追加投资。

3. 现将几类项目的相关知识点总结如下：

股票上市类项目		我国股票发行为既有法人出让资产形式，项目法人尚不允许直接上市发行股票，只能通过私募形式募集法人股
兼并收购类项目	核心内容	并购企业价值评估（企业价值即企业的基础价值、内在价值和战略价值）
	价格估算方法	收益现值法、市场比较法、财务比率法、账面价值调整法、市盈率法、成本法、清算价值法
	并购效益	包括资本经营效益、经济增加值、市场增加值
特许经营类项目	BOT 项目的结构	包括三方组织，即项目的发起人（最终所有者）、项目的投资者和经营者、项目的贷款银行
	核心	在自有资金到位的前提下，以项目未来的现金流作为抵押，向银行换取项目所需的资金，用于项目的投资建设
	重点考虑因素	① 政治法律因素；② 竞争因素，包括业内竞争、新的竞争者加入、替代品的竞争；③ 消费者需求；④ 盈利预测；⑤ 盈利稳定性的估计；⑥ 项目回报率
风险投资项目	重点关注	(1) 注重企业的潜在价值。 (2) 注重项目的成长性。 (3) 注重管理团队的能力。 (4) 具有独特的评价指标
	价值评估	收益现值法、成本法和比较法

考点 20 非经营性项目的财务分析

（题干）非经营性项目为社会提供服务和使用功能，但不收取费用或只收取少量费用。下列关于非经营性项目财务分析要求的说法，正确的有（ABCDEFG）。

A. 对没有营业收入的项目，财务分析重在考察财务可持续性【2018 年考过】

B. 有营业收入，但不足以补偿运营维护成本的项目，应估算收入和成本费用

C. 有营业收入的项目，其收入应优先用于支付运营维护成本【2018 年考过】

D. 对有债务资金的项目，应结合借款偿还要求进行财务生存能力分析

E. 需要政府在短期内给予补贴以维持运营的项目，只需要进行偿债能力分析和财务生存能力分析

F. 对收费项目应合理确定提供服务的收费价格

G. 对效益难以货币化的非经营性项目，可采用效果费用比或费用效果比来进行方案比选【2018 年考过】

【考点细说与习题汇编】

1. 该考点在考试时一般以判断正确与错误说法的综合题目考查。

2. 对有营业收入的项目，财务分析应根据收入抵补支出的不同程度区别对待。营业收入补偿费用的顺序需要掌握，考试时可能会考查首要补偿的是什么，还可能会考查正确的补偿顺序。

补偿顺序：支付运营维护成本—缴纳流转税—偿还借款利息—计提折旧—偿还借款本金。

3. 对效益难以货币化的非经营性项目，应遵循基本的方案比选原则和方法是：

（1）费用应包含从项目投资开始到项目终结的整个期间内所发生的全部费用，可按费用现值或费用年值计算。

（2）效果的计量单位应能切实度量项目目标实现的程度，且便于计算。

（3）在效果相同的条件下，应选取费用最小的备选方案。

（4）在费用相同的条件下，应选取效果最大的备选方案。

（5）备选方案效果和费用均不相同时，应比较两个备选方案之间的费用差额和效果差额，计算增量的效果费用比或费用效果比，分析获得增量效果所付出的增量费用是否值得。

第四章　项目申请报告和资金申请报告的编制

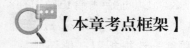

【本章考点框架】

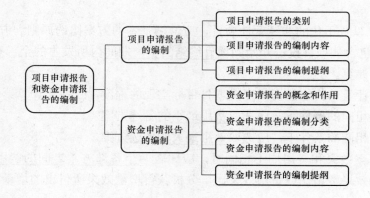

【本章考点精讲精练】

考点1　项目申请报告的类别

（题干）按照企业性质的不同，项目申请报告主要分为<u>企业投资项目申请报告、外商投资项目申请报告和境外投资项目申请报告</u>。下列内容属于<u>企业投资项目申请报告</u>的有（ABCD）。

    A. 项目单位情况　　　　　　　　B. 拟建项目情况
    C. 资源利用和生态环境影响分析　D. 经济和社会影响分析
    E. 项目及投资方情况　　　　　　F. 投资主体关于项目真实性的声明
    G. 项目对我国国家利益和国家安全的影响分析

【考点细说与习题汇编】

1. 基于上述选项，命题时还可能会考核的题目有：

（1）按照企业性质的不同，项目申请报告主要分为企业投资项目申请报告、外商投资项目申请书和境外投资项目申请报告。下列内容属于<u>外商投资项目申请报告</u>的有（CDE）。

（2）按照企业性质的不同，项目申请报告主要分为企业投资项目申请报告、外商投资项目申请报告和境外投资项目申请报告。下列内容属于境外投资项目申请报告的有（EFG）。

2. 企业投资项目申请报告、外商投资项目申请报告所附文件可能会考查多项选择题，对该知识点总结如下：

企业投资项目申请报告附件	外商投资项目申请报告附件
（1）城乡规划行政主管部门出具的选址意见书（仅指以划拨方式提供国有土地使用权的项目）。 （2）国土资源主管部门出具的用地（用海）预审意见（国土资源主管部门明确可以不进行用地预审的情形除外）。 （3）法律、行政法规规定需要办理的其他相关手续	（1）中外投资各方的企业注册证明材料及经审计的最新企业财务报表（包括资产负债表、利润表和现金流量表）、开户银行出具的资金信用证明。 （2）投资意向书，增资、并购项目的公司董事会决议。 （3）城乡规划行政主管部门出具的选址意见书（仅指以划拨方式提供国有土地使用权的项目）。 （4）国土资源行政主管部门出具的用地预审意见（不涉及新增用地，在已批准的建设用地范围内进行改扩建的项目，可以不进行用地预审）。 （5）环境保护行政主管部门出具的环境影响评价审批文件（需要时）。 （6）节能审查机关出具的节能审查意见（需要时）。 （7）以国有资产出资的，需有关主管部门出具确认文件。 （8）根据有关法律法规的规定应当提交的其他文件

考点 2　项目申请报告的编制内容

（题干）编制项目申请报告过程中，重点针对拟建项目直接关系人民群众切实利益且涉及面广、容易引发的社会稳定问题，从合法性、合理性、可行性和可控性等方面进行分析，属于项目申请报告编制内容中的（N）。

A. 资源开发方案分析　　　　　　　B. 资源利用方案分析

C. 资源节约措施分析　　　　　　　D. 生态和环境现状分析

E. 生态环境影响分析　　　　　　　F. 生态环境保护措施分析

G. 特殊环境影响分析　　　　　　　H. 社会经济费用效益或费用效果分析

I. 行业影响分析　　　　　　　　　J. 区域经济影响分析

K. 宏观经济影响分析　　　　　　　L. 社会影响效果分析

M. 社会适应性分析　　　　　　　　N. 社会稳定风险分析

 【考点细说与习题汇编】

1. 关于该考点，在考试时可能会在备选项中给出一些分析内容，让考生判断具体属于哪项编制内容。命题时还可能会考核的题目有：

（1）分析拟开发资源的可开发量、自然品质、赋存条件、开发价值等，评价是否符合资源综合利用的要求。属于项目申请报告编制内容中的（A）。

（2）通过对单位生产能力主要资源消耗量指标的对比分析，评价资源利用效率的先进程度；分析评价项目建设是否会对地表（下）水等其他资源造成不利影响，属于项目申请报告编制内容中的（B）。

（3）对拟建项目的资源能源消耗指标进行分析，阐述在提高资源能源利用效率、降低资源能源消耗、实现资源能源再利用与再循环等方面的主要措施，论证是否符合能耗准入标准及资源节约和有效利用的相关要求，属于项目申请报告编制内容中的（C）。

（4）明确项目建设是否涉及生态保护红线以及与相关规划环评结论的相符性，属于项目申请报告编制内容中的（D）。

（5）对生态环境的影响因素和影响程度，对流域和区域生态系统及环境的综合影响分析，属于项目申请报告编制内容中的（E）。

（6）对可能造成的生态环境损害提出治理措施，对治理方案的可行性、治理效果进行分析论证，属于项目申请报告编制内容中的（F）。

（7）阐述行业现状的基本情况以及企业在行业中所处地位，分析拟建项目对所在行业及关联产业发展的影响，属于项目申请报告编制内容中的（I）。

（8）对于区域经济可能产生重大影响的项目，应从区域经济发展、产业空间布局、当地财政收支、社会收入分配、市场竞争结构、对当地产业支撑作用和贡献等角度进行分析论证，属于项目申请报告编制内容中的（J）。

（9）分析拟建项目能否为当地的社会环境、人文条件所接纳，评价该项目与当地社会环境的相互适应性，提出改进性方案，属于项目申请报告编制内容中的（M）。

2. 了解项目申请报告的编制要求。项目申请报告可以由<u>项目单位自行编写</u>，也可以<u>由项目单位自主委托具有相关经验和能力的中介服务机构编写</u>。任何单位和个人不得强制项目单位委托工程咨询单位编制项目申请报告。项目申请报告<u>不必详细分析和论证项目市场前景、经济效益、资金来源、产品技术方案</u>等由企业自主决策的内容。

考点3　项目申请报告的编制提纲

（题干）下列建设项目的企业项目申请报告的编制提纲内容中，属于<u>项目财务效果分析</u>的有（ABCDEFGHI）。

A. 项目主要产出品情况　　　　　B. 项目主要投入物价值与成本分析
C. 项目享受的优惠政策和补贴收入　D. 外商投资项目享受的优惠政策补贴收入
E. 境外投资项目投资者所得收入　　F. 项目所用劳动力支出和人员所得
G. 项目投资支出分析和利息支出　　H. 项目主要财务评价指标
I. 适用财务分析法规和参数说明　　J. 经济费用效益或费用效果分析
K. 直接费用与效益估算　　　　　L. 间接费用与效益估算
M. 费用效果分析　　　　　　　　N. 经济费用效益流量表及指标分析
O. 外汇平衡分析　　　　　　　　P. 经济费用效益或费用效果分析方法与参数说明
Q. 行业现状和企业地位情况　　　R. 行业影响程度分析
S. 项目税收对区域经济的影响　　T. 项目用人对区域经济的影响
U. 对产业发展的影响　　　　　　V. 对相关行业的影响
W. 对国家经济安全的影响　　　　X. 产业技术安全性
Y. 资源供应安全性　　　　　　　Z. 产业可持续发展
A'. 市场环境与竞争力　　　　　　B'. 资本控制力
C'. 财务可持续性

【考点细说与习题汇编】

1. 上述备选项的编制内容均属于经济影响力分析。这些内容互相作为干扰选项，命题时还可能会考核的题目有：

（1）下列建设项目的企业项目申请报告的编制提纲内容中，属于<u>经济费用效益或费用效果分析</u>的有（JKLMNOP）。

（2）下列建设项目的企业项目申请报告的编制提纲内容中，属于<u>行业影响分析</u>的有（QR）。

（3）下列建设项目的企业项目申请报告的编制提纲内容中，属于<u>区域经济影响分析</u>的有（ST）。

（4）下列建设项目的企业项目申请报告的编制提纲内容中，属于<u>宏观经济影响分析</u>的有（UVW）。

（5）下列建设项目的企业项目申请报告的编制提纲内容中，属于<u>经济安全性分析</u>的有（XYZA'B'C'）。

2. 编制提纲中的其他内容可以参考教材来学习。

考点4　资金申请报告的概念和作用

（题干）资金申请报告是建设项目决策分析与评价工作的重要内容之一，下列关于资金申请报告的说法，正确的有（ABCDEF）。

A. 资金申请报告是指企业为获得<u>政府资金支持、财政专项资金支持、国际金融组织或者外国政府贷款</u>而编制的报告【2018年考过】

B. 资金申请报告类别与<u>资金来源和性质</u>有关

C. <u>以投资补助和贴息方式使用中央预算内资金</u>，应编制资金申请报告

D. <u>使用国际金融组织贷款的项目需要编制资金申请报告</u>【2018年考过】

E. <u>高科技产业化项目申请使用国家或地方政府投资资金补助</u>时，需要编制资金申请报告

F. 资金申请报告从资金使用合理性角度，向政府回答项目财务的可行性以及项目对经济、社会、资源、环境等方面的影响和贡献

 【考点细说与习题汇编】

1. 选项A可能会设置的干扰选项是：资金申请报告是指项目投资者位获得国外商业银行贷款而编制的报告。

2. 选项B可能会设置的干扰选项是：资金申请报告类别与资金来源和性质无关。

3. 注意E选项中，高科技产业化项目包括国家高技术产业化项目、国家重大技术装研制和重大产业技术开发项目、国家产业技术创新能力建设项目、国家高技术产业技术升级和

结构调整项目。

4. 该考点在考试时一般都会以这种判断正确与错误说法的综合题目出现。

考点 5　资金申请报告的编制分类

（题干）根据《中央预算内投资补助和贴息项目管理暂行办法》，财政补贴性资金申请报告报送时，应附送的文件包括（ABCDEFG）。

A. 政府投资项目的<u>可行性研究报告批准文件</u>

B. 企业投资项目的<u>核准或备案的批准文件</u>

C. 城市规划部门出具的<u>城市规划选址意见</u>

D. 国土资源部门出具的<u>项目用地预审意见</u>

E. 环保部门出具的<u>环境影响评价文件的审批意见</u>

F. 出具项目单位与<u>有关金融机构签订的贷款协议</u>

G. 项目单位对资金申请报告内容和附属文件真实性负责的声明

H. 技术来源及技术先进性的有关证明文件

I. 金融机构出具的贷款承诺

J. 国外贷款机构对项目的评估报告

K. 国务院行业主管部门提出资金申请报告时，如需地方政府安排配套资金、承担贷款偿还责任或提供贷款担保的，应出具省级发展改革部门及有关部门意见

L. 限制性采购的国外贷款项目，出具对国外贷款条件、国内外采购比例、设备价格等比选结果报告

 【考点细说与习题汇编】

1. 基于上述选项，命题时还可能会考核的题目有：

（1）根据《国家高技术产业发展项目管理暂行办法》，高技术产业化发展项目资金申请报告报送时，应附送的文件包括（ABCDEFGHI）。

（2）根据《国际金融组织和外国政府贷款投资项目管理暂行办法》，国际金融组织贷款项目资金申请报告报送时，应附送的文件包括（ABJKL）。

2. 在报送财政补贴性资金申请报告、高科技产业化项目资金申请报告、国际金融组织贷款项目资金申请报告时，应附送相关文件。这部分内容可能会考查多项选择题。

3. 根据资金来源和性质不同，现阶段有明确规定和要求的资金申请报告主要有以下三类：<u>财政补贴性资金支持项目资金申请报告、高科技产业化项目资金申请报告、国际金融组织贷款项目资金申请报告</u>。这三类资金申请报告的内容总结见下表：

三个类型	财政补贴性资金支持项目资金申请报告	高科技产业化项目资金申请报告	国际金融组织贷款项目资金申请报告
内容	项目单位的基本情况和财务状况		项目概况
	项目的基本情况		国外贷款来源及条件
	申请投资补助或贴息资金的主要原因和政策依据	申请国家补贴资金的主要理由和政策依据	项目对外工作进展情况
	项目招标内容（适用于申请投资补助或贴息资金 500 万元及以上的投资项目）	项目招标内容（适用于申请国家补贴资金 500 万元及以上的投资项目）	贷款使用范围
	国家发展改革委要求提供的其他内容		设备和材料采购清单及采购方式
	—	—	经济分析和财务评价结论
	—	—	贷款偿还及担保责任、还款资金来源及还款计划

考点 6　资金申请报告的编制内容

（题干）关于资金申请报告编制内容的说法，正确的有（ABCDEFGHIJKLMNO）。

A. 项目单位及拟建项目情况

B. 项目总投资及构成

C. 项目融资构成、融资成本和融资方案合理性分析

D. 拟申请资金数额和理由

E. 项目资金使用计划分析

F. 项目财务分析

G. 项目经济分析

H. 项目清偿能力分析

I. 社会影响效果分析

J. 社会适应性分析

K. 社会稳定风险分析

L. 资源风险和防范措施

M. 市场风险和防范措施

N. 技术装备风险和防范措施

O. 投资与融资的风险和防范措施

 【考点细说与习题汇编】

资金申请报告文本可以自行编制或选择有能力、有实力的咨询机构进行编制，咨询机构应当做到依法、独立、客观、公正，对其编制文件的准确性负责。资金申请报告的编制内容在考查时，可能会给出具体的工作内容，判断是属于哪方面的分析。

考点 7 资金申请报告的编制提纲

（题干）高科技产业化项目资金申请报告编制提纲的内容包括（ABCDEFGHIJKLMNOPQRSTUVWX）。

A. 项目总体目标与阶段目标

B. 资金投入及使用计划

C. 项目创新点

D. 知识产权状况

E. 项目的转化内容与技术路线论述

F. 项目组织实施方案

G. 项目产品市场调查与竞争能力预测【2018 年考过】

H. 投资预算【2018 年考过】

I. 资金筹措

J. 资金使用计划【2018 年考过】

K. 项目实施风险评价

L. 项目实施计划

M. 成果转化目标分析

N. 产品成本分析

O. 产品单位售价与盈利预测

P. 经济效益分析

Q. 项目投资评价

R. 社会效益、生态效益分析

S. 申报单位基本情况

T. 单位转化能力论述

U. 单位职工队伍情况【2018 年考过】

V. 单位管理情况

W. 单位财务经济状况

X. 合作单位研发能力

Y. 项目建设目标及必要性

Z. 项目区域及建设地点、项目建设规模、内容

A'. 总投资及资金构成

B'. 年度投资安排

C'. 项目执行机构及项目业主

D'. 国外贷款机构

E'. 贷款条件

F'. 项目建议书批准情况

G'. 项目可行性研究报告或项目申请书批准情况

H'. 环评及土地预审相关情况

I'. 项目鉴别、准备、评估等情况

J'. 贷款谈判计划安排

K'. 贷款协议及项目启动计划安排

L'. 国内配套资金落实情况

M'. 贷款使用方案及类别安排

N'. 土建、设备及材料采购安排

O'. 经济分析与财务分析结论

P'. 贷款偿还及风险防范

 【考点细说与习题汇编】

1. 基于上述选项，命题时还可能会考核的题目有：

国际金融组织贷款项目资金申请报告编制提纲的内容包括（YZA'B'C'D'E'F'G'H'I'J'K'L'M'N'O'P'）。

2. 该考点在考查时还有可能给出编制内容，让考生判断不属于项目资金申报编制提纲的内容。

3. 了解财政补贴性资金支持项目资金申请报告编制提纲的内容：

概述	项目申报单位概况	项目申报单位基本概况
		主要投资者情况
	项目概况	项目基本情况
		项目背景和意义
		项目目标
	项目基本内容	建设规模和产品方案
		工艺技术和主要设备
		工程方案
		项目组织
	项目建设前期准备基本情况	项目进展情况
		项目建设期
项目的政策符合性分析	产业政策符合性分析	
	土地利用和规划符合性分析	
	清洁生产与环保符合性分析	
	资金申请符合性分析	
项目的融资分析	总投资及其构成	总投资或总资金
		建设投资
		建设期利息
		流动资金

项目的融资分析	项目借贷资金	
	权益资金	
	资金来源的可靠性分析	
	融资方案合理性分析	
	融资成本分析	
	政府资金申请情况说明	
项目的资金使用计划	项目逐年用款计划	
	资金使用安排	
项目的财务分析和经济分析	财务分析	财务分析的依据与基础条件
		项目成本分析
		产品售价分析
		项目税收及优惠政策分析
		项目财务分析指标
		财务分析结论
	经济分析	经济分析的依据与基础条件
		经济分析主要指标
		经济分析结论
项目的清偿能力分析	项目清偿能力分析	
	投资者（非政府投资者）清偿能力	
	项目还款计划	
	投资者（非政府投资者）财务状况	
	项目的财务可持续性分析	
项目主要风险及其防范措施	资源风险	
	市场风险	
	技术与装备风险	
	投资与融资的风险	
	其他风险	
结论与建议	明确提出对项目投资建设的结论性意见	
	简述项目投资的必要性和意义	
	提出对项目建设有益的主要建议	
	对项目存在的主要问题提出意见	
附表和附件	—	

第五章 政府和社会资本合作（PPP）
项目实施方案编制

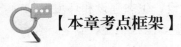【本章考点框架】

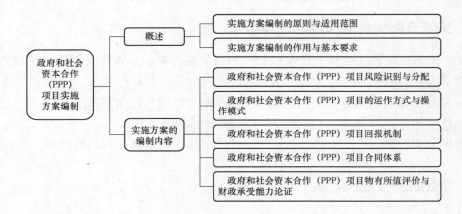

【本章考点精讲精练】

考点 1 实施方案编制的原则与适用范围

（题干）政府和社会资本合作（PPP）项目实施方案的编制原则应符合（ABC）。

A. 科学性　　　　B. 专业性　　　　C. 有效性　　　　D. 针对性

E. 可操作性　　　F. 认同性　　　　G. 相关性　　　　H. 约束性

I. 导向性

【考点细说与习题汇编】

1. 选项 DEFGHJI 均属于干扰选项。基于上述选项，命题时还可能会考核的题目有：

（1）在实施方案编制过程中，合理把握价格、土地、金融等各项政策，科学地划分风险、界定边界条件，有效地建立合理的回报机制，稳定项目预期收益。体现了实施方案的（A）原则。

（2）实施方案编制过程中必须充分发挥法律、工程咨询、金融、财务等专业人员的知识、技能优势，让"专业的人干专业的事"，做好分工协作、优势互补。体现了实施方案的（B）原则。

（3）实施方案编制过程中，需切实保证方案中每个环节涉及的内容都符合实际情况，切实有效、可行，以确保实施方案以及整个项目前期策划的内容得以落地实施，并最终为项目的顺利推进、综合效益的持续良好发挥奠定基础。体现了实施方案的（C）原则。

2. 最后我们了解下政府和社会资本合作（PPP）模式的适用范围。政府和社会资本合作（PPP）模式不但可以用于新建项目，而且也可以在存量、在建项目中使用。政府和社会资本合作（PPP）模式涉及的行业可分为能源、交通运输、水利建设、生态建设和环境保护、市政工程、片区开发、农业、林业、科技、保障性安居工程、旅游、医疗卫生、养老、教育、文化、体育、社会保障、政府基础设施、其他等 19 个一级行业。

考点 2　实施方案编制的作用与基本要求

（题干）编制政府和社会资本合作（PPP）项目实施方案的基本要求包括（ABCDEFGH）。

A. 尊重契约精神　　　　　　　　　　B. 建立长期的合作关系

C. 将宏观与微观相结合　　　　　　　D. 统筹近期与远期关系

E. 坚持风险分担原则　　　　　　　　F. 坚持利益共享原则

G. 维护公共利益　　　　　　　　　　H. 保障社会资本获得合理回报

 【考点细说与习题汇编】

1. 实施方案编制的基本要求是典型的多项选择题考点。考试时一般是告诉我们策略或做法，让我们来判断是否符合实施方案编制要求，2018 年考查了这类题型。

2. 编制实施方案的作用：实施方案为政府和社会资本合作（PPP）项目决策提供依据；为政府和社会资本合作（PPP）项目的实施奠定基础。

考点 3　政府和社会资本合作（PPP）项目风险识别与分配

（题干）政府和社会资本合作（PPP）项目风险因素包括（ABCDEFGHI）。

A. 不可抗力风险　　　　　　　　　　B. 政策风险

C. 经济风险　　　　　　　　　　　　D. 施工风险

E. 设计风险　　　　　　　　　　　　F. 投资控制风险

G. 管理风险　　　　　　　　　　　　H. 运营维护风险

I. 移交风险

 【考点细说与习题汇编】

1. 基于上述选项，命题时还可能会考核的题目有：

（1）下列风险因素中,属于政府和社会资本合作（PPP）项目系统性风险因素的有（ABC）。

（2）下列风险因素中，属于政府和社会资本合作（PPP）项目非系统性风险因素的有（DEFGHI）。

2. 风险分配的原则有 3 点，考查以判断正确与错误说法的题目为主。

（1）由<u>风险控制力最强的一方</u>承担。

（2）风险的承担方能够将<u>风险合理转移</u>。

（3）风险的承担程度<u>与所得回报相匹配</u>。

3. 哪些风险由政府方承担，哪些风险由社会资本方承担，在考试时针对不同的风险类型，让考生来判断承担方。下表总结了项目各阶段风险的承担方。

项目阶段	风险因素	风险来源	承担方
全过程	政策风险	法律与政策稳定性	政府
准备期	建设条件	水、电、路，建设用地、临时用地	政府和社会资本
建设期	市场风险	原材料价格、职工待遇提供	社会资本

考点 4　政府和社会资本合作（PPP）项目的运作方式与操作模式

（题干）政府将存量公共资产的运营、维护及用户服务职责授权给社会资本或项目公司的项目运作方式是（B）。

A. 委托运营（O&M）方式　　　　　　B. 管理合同（MC）方式

C. 建设—运营—移交（BOT）方式　　D. 建设—拥有—运营（BOO）方式

E. 转让—运营—移交（TOT）方式　　F. 改建—运营—移交（ROT）方式

 【考点细说与习题汇编】

1. 政府和社会资本合作（PPP）项目运作方式的相关概念，命题时还可能会考核的题目有：

（1）政府将存量公共资产的运营维护职责委托给社会资本或项目公司，社会资本或项目公司不负责用户服务的政府和社会资本合作项目运作方式是（A）。

（2）由社会资本或项目公司承担新建项目设计、融资、建造、运营、维护和用户服务职责，合同期满后项目资产及相关权利等移交给政府的项目运作方式是（C）。

（3）由社会资本或项目公司承担新建项目设计、融资、建造、运营、维护和用户服务职责，必须在合同中注明保证公益性的约束条款，社会资本或项目公司长期拥有项目所有权的项目运作方式是（D）。

（4）政府将存量资产所有权有偿转让给社会资本或项目公司，并由其负责运营、维护和用户服务，合同期满后资产及其所有权等移交给政府的项目运作方式是（E）。

（5）政府在 TOT 模式的基础上，增加改扩建内容的项目运作方式是（F）。

2. 政府和社会资本合作（PPP）项目的操作方式有三种：

三种操作方式	采用模式
经营性项目	对于具有明确的收费基础，并且经营收费能够完全覆盖投资成本的项目，通过政府授予特许经营权，采用建设—运营—移交、建设—拥有—运营—移交等模式推进
准经营性项目	对于经营收费不足以覆盖投资成本、需政府补贴部分资金或资源的项目，采用建设—运营—移交、建设—拥有—运营等模式推进
非经营性项目	对于缺乏"使用者付费"基础、主要依靠"政府付费"回收投资成本的项目，采用建设—运营—移交、建设—拥有—运营、委托运营等市场化模式推进

考点 5　政府和社会资本合作（PPP）项目回报机制

（题干）关于政府和社会资本合作（PPP）项目回报机制及其适用条件的说法，正确的有（ABCDEFG）。

A. 常用的回报机制包括<u>使用者付费、政府付费、使用者付费+可行性缺口补助</u>

B. 效益较好的收费公路、水处理项目采用使用者付费机制

C. 市政道路、市政绿化项目宜采用政府付费机制

D. 政府付费主要包括<u>可用性付费、使用量付费和绩效付费</u>

E. 城市综合管廊项目宜采用使用者付费+可行性缺口补助机制

F. 轨道交通项目宜采用使用者付费+可行性缺口补助机制

G. 如果项目本身收益水平较低，需要设计政府付费或者补贴的机制

 【考点细说与习题汇编】

1. 政府和社会资本合作（PPP）项目回报机制考试时可能会考查多项选择题。

2. 三类回报机制的适用范围可能作为一句话考点，也可能以判断正确与错误说法的综合题目考查。

考点 6　政府和社会资本合作（PPP）项目合同体系

（题干）政府和社会资本投资人的合同体系是前期策划和决策的重点，需要对双方合作的核心边界条件，项目全生命周期不同阶段各方的权利、义务等进行约定。政府和社会资本合作（PPP）项目合同体系中<u>交易条件边界</u>内容包括（GHIJ）。

A. 工程范围　　　　　　　　　B. 特许经营权

C. 项目资产权属　　　　　　　D. 征地拆迁及建设条件落实

E. 项目用地　　　　　　　　　F. 各股东方权利义务划分

G. 项目合作期限　　　　　　　H. 项目回报机制

I. 价格调整机制　　　　　　　J. 项目产出说明

K. 项目保险方案　　　　　　　L. 履约保证体系

M. 应急处理　　　　　　　　　N. 临时征用与接管

O. 合同变更和延期　　　　　　P. 合同解除

Q. 项目公司股权变更　　　　　R. 项目建设进度及相关标准要求
S. 项目方案变更管理

【考点细说与习题汇编】

1. 基于上述选项，命题时还可能会考核的题目有：

（1）政府和社会资本合作（PPP）项目合同体系中权利义务边界内容包括（ABCDEF）。

（2）政府和社会资本合作（PPP）项目合同体系中履约保障边界内容包括（KL）。

（3）政府和社会资本合作（PPP）项目合同体系中调整衔接边界内容包括（MNOPQ）。

（4）政府和社会资本合作（PPP）项目合同体系中项目建设实施内容包括（RS）。

2. 该考点还可能以判断正确与错误说法的题目考核。下面将可能考核的知识点整理如下：

（1）新建项目需要对纳入合作范围的工程内容、红线范围、土地规模、设备数量等进行明确界定。

（2）存量项目需要对拟纳入合作范围的设施设备数量、状态、内容等进行明确。

（3）涉及特许经营的项目，需要对政府拟授予社会资本的特许经营权进行明确。

（4）项目资产权属需根据双方合作意愿明确合作期内的归属。

（5）项目资产权属的归属与项目融资、资产证券化、设置相关担保权益等直接相关。

（6）对于新建项目而言，需要对征地拆迁、配套建设条件等事项的工作边界及费用承担进行明确。

（7）需要对项目用地的属性、土地权属以及用地取得的方式等进行明确。

（8）需要对参与未来项目公司组建的股东各方的主要承担义务和权利进行约定。

（9）主要说明社会资本取得投资回报的资金来源。

（10）需要对价格调整权力的归属进行明确。

（11）需要对未来政府和社会资本合作实施项目以后可以为社会提供的基础设施和公共服务设施类型、数量、标准进行明确。

（12）建议方案中，需要对保险的种类、费用分摊、受益人、赔付款使用范围进行明确。

（13）制定相应的应急处理、救援预案，并明确相关预案需要遵循的法律法规及规范要求以及报备程序。

（14）对于新建项目或者存在改扩建需求的项目，需要在方案中对项目工期、建设进度要求等进行明确。

（15）对每个阶段交付成果的时间、进度需要提出明确的要求.

考点 7　政府和社会资本合作（PPP）项目物有所值评价与财政承受能力论证

（题干）物有所值评价是判断项目是否适合采用政府和社会资本合作（PPP）模式实施的决策基础，包括定性评价和定量评价。下列指标中属于物有所值定性评价指标的有（ABCDEF）。

A. 全生命周期整合程度【2018年考过】　　B. 风险识别与分配

C. 绩效导向与鼓励创新　　　　　　　　D. 潜在竞争程度

E. 政府机构能力　　　　　　　　　　　F. 可融资性

G. 项目规模大小【2018年考过】　　　　H. 预期使用寿命长短

I. 主要固定资产种类　　　　　　　　　J. 全生命周期成本测算准确性

K. 运营收入增长潜力【2018年考过】　　L. 行业示范性

 【考点细说与习题汇编】

1. 这些互相作为干扰选项，命题时还可能会考核的题目有：

（1）下列指标中，属于政府和社会资本合作（PPP）项目物有所值定性评价补充指标的有（GHIJKL）。

（2）下列指标中，（A）指标主要考核在项目全生命周期内，项目设计、投融资、建造、运营和维护等环节能否实现长期、充分整合。

（3）下列指标中，（B）指标主要考核在项目全生命周期内，各风险因素是否得到充分识别并在政府和社会资本之间进行合理分配。

（4）下列指标中，（C）指标主要考核是否建立以基础设施及公共服务供给数量、质量和效率为导向的绩效标准和监管机制，是否落实节能环保、支持本国产业等政府采购政策，能否鼓励社会资本创新。

（5）下列指标中，（D）指标主要考核项目内容对社会资本参与竞争的吸引力。

（6）下列指标中，（E）指标主要考核政府转变职能、优化服务、依法履约、行政监管和项目执行管理等能力。

2. 关于该考点，还有可能这样命题："关于政府和社会资本合作（PPP）项目物有所值评价的说法，正确的有（　　　　）"。

3. 物有所值定量评价的前提是假定采用政府和社会资本合作（PPP）模式与政府传统投资方式产出绩效相同【2018年考过】。需要掌握PPP值和PSC值的计算，下面把可能会考查的知识点总结如下：

PPP 值的计算	股权投资支出	依据项目资本金要求以及项目公司股权结构合理确定。计算公式为： 股权投资支出＝项目资本金×政府占项目公司股权比例
	当年运营补贴支出数额	对政府付费模式的项目，计算公式为： $$当年运营补贴支出数额 = \frac{项目全部建设成本\times(1+合理利润率)\times(1+年度折现率)^n}{财政运营补贴周期} + 年度运营成本\times(1+合理利润率)$$
		对可行性缺口补助模式的项目，计算公式为： $$当年运营补贴支出数额 = \frac{项目全部建设成本\times(1+合理利润率)\times(1+年度折现率)^n}{财政运营补贴周期} + 年度运营成本\times(1+合理利润率) - 当年使用者付费数额$$

PPP值的计算	风险承担支出数额	风险承担支出数额＝基本情景下财政支出数额×基本情景出现的概率＋不利情景下财政支出数额×不利情景出现的概率＋最坏情景下财政支出数额×最坏情景出现的概率
	配套投入支出数额	配套投入支出数额＝政府拟提供的其他投入总成本－社会资本方支付的费用
PSC值的计算		PSC值是参照项目的建设和运营维护净成本、竞争性中立调整值、项目全部风险成本三项成本的全生命周期现值之和【2018年考过】。关于三项成本的组成内容如下： （1）建设净成本主要包括参照项目设计、建造、升级、改造、大修等方面投入的现金以及固定资产、土地使用权等实物和无形资产的价值，并扣除参照项目全生命周期内产生的转让、租赁或处置资产所获的收益。 （2）竞争性中立调整值包括少支出的土地费用、行政审批费用、有关税费等。 （3）项目全部风险成本包括可转移给社会资本的风险承担成本和政府自留风险的承担成本
定量评价结论		PPP值小于或等于PSC值的，认定为通过定量评价；PPP值大于PSC值的，认定为未通过定量评价

4. 在风险承担支出可以采用的比例法、情景分析法及概率法，可能会考查多项选择题，各方法的概念也要注意区分，下表将风险承担支出方法做下总结：

比例法	在各类风险支出数额和概率难以进行准确测算的情况下，可以按照项目的全部建设成本和一定时期内的运营成本的一定比例确定风险承担支出
情景分析法	在各类风险支出数额可以进行测算但出现概率难以确定的情况下，可针对影响风险的各类事件和变量进行"基本""不利"及"最坏"等情景假设，测算各类风险发生带来的风险承担支出

5. 了解财政承受能力论证。《政府和社会资本合作项目财政承受能力论证指引》（财金〔2015〕21号）是开展财政承受能力论证的重要指导性文件，财政承受能力论证工作包括：责任识别和支出测算、财政承受能力评估、财政承受能力论证报告编制。每一年度全部政府和社会资本合作（PPP）项目需要从预算中安排的支出责任，占一般公共预算支出比例应当不超过10%。【2018年考过】

第六章 项 目 评 估

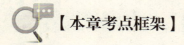

【本章考点框架】

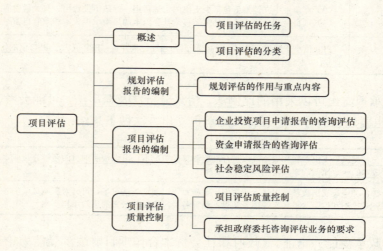

【本章考点精讲精练】

考点 1 项目评估的任务

（题干）不同的委托主体，对评估的内容及侧重点的要求有所不同。对于政府部门委托的评估项目，一般侧重于（ABCD）。

A. 项目的经济及社会影响评价【2012 年考过】

B. 分析论证项目对于国家法律、法规、政策、规划等的符合性

C. 分析资源开发利用的合理性和有效性

D. 分析是否影响国家安全、经济安全、生态安全和公众利益

E. 融资主体的清偿能力评价

F. 评估项目本身的盈利能力

G. 评估项目资金的流动性和财务风险

【考点细说与习题汇编】

这些互相作为干扰选项，命题时还可能会考核的题目有：

（1）不同的委托主体，对评估的内容及侧重点的要求有所不同。对于金融机构委托的评估项目，主要侧重于（E）。

（2）不同的委托主体，对评估的内容及侧重点的要求有所不同。对于企业委托的评估项目，主要侧重于（FG）。

考点 2　项目评估的分类

（题干）从项目评估内容角度分类，项目评估分为（ABCDEFG）。

A. 项目规划评估
B. 项目建议书咨询评估
C. 可行性研究报告咨询评估
D. 项目申请报告咨询评估
E. 资金申请报告咨询评估
F. PPP 实施方案咨询评估
G. 项目评估的再评估
H. 企业委托的评估
I. 金融机构委托的评估
J. 项目核准机关委托的评估
K. 政府投资管理部门委托的咨询评估
L. 政府委托对资金申请报告的评估
M. 国外贷款项目的评估

 【考点细说与习题汇编】

1. 基于上述选项，命题时还可能会考核的题目是：
从项目评估委托主体的角度分类，项目评估分为（HIJKLM）。
2. 规划评估分为政府规划评估和企业规划评估两大类。

考点 3　规划评估的作用与重点内容

（题干）规划评估是指工程咨询机构接受政府或企业的委托，对各类规划进行分析论证，提出意见和建议。一般而言，规划评估的重点内容包括（ABCDEFGHI）。

A. 提出规划主体发展的指导思想、发展思路、功能定位和规划目标（体系）的评价意见及调整建议

B. 对总体目标、分层目标、分阶段目标的适宜性进行分析评价，提出目标调整优化建议

C. 关注规划主体的发展现状及主要特征，分析其优势条件及未来发展的主要制约因素

D. 分析投资建设规划方案的实施对区域经济、产业经济和社会发展、资源利用、环境保护、公共利益等方面的影响

E. 对投资建设规划方案与规划目标的协调性，与各类相关规划、产业政策及当地或该领域产业结构调整方向的衔接性提出评估意见

F. 对区域规划期内投资规模、空间布局、进度计划等提出评价意见和调整建议

G. 对于专项规划，根据规划主体目标定位，对规划期内投资规模、投资结构、进度计划等提出评价意见和调整建议

H. 规划实施保障措施评估

I. 针对规划方案存在的重大问题和不足提出调整和进一步完善的建议

【考点细说与习题汇编】

1. 基于上述选项，命题时还可能会考核的题目是：

投资建设规划方案评估主要评估内容包括（DEFG）。

2. 规划评估的作用是提高规划编制的科学性和规范性，保证规划具有可操作性和可实施性。

考点4　企业投资项目申请报告的咨询评估

（题干）对企业投资项目申请报告进行核准评估时，需要评估的内容有（ABCDEFGH IJKLMNOPQRSTUVWXYZA′B′）。

A. 申报单位及项目概况评估

B. 发展规划、产业政策评估

C. 行业准入评估

D. 自主创新和采用先进技术评估

E. 项目建设必要性评估

F. 资源开发方案评估【2010年考过】

G. 资源利用方案评估

H. 资源节约措施评估

I. 用能标准和节能规范评估【2010年考过】

J. 能耗状况和能耗指标分析【2010年考过】

K. 节能措施和节能效果分析【2010年考过】

L. 项目选址及用地方案评估

M. 土地利用合理性评估

N. 征地拆迁和移民安置规划方案评估

O. 环境和生态影响程度评估

P. 生态环境保护措施评估

Q. 地质灾害影响评估

R. 特殊环境影响评估

S. 经济费用效益或费用效果分析的评估

T. 行业影响评估

U. 区域经济影响评估

V. 宏观经济影响评估

W. 社会影响效果评估

X. 社会适应性评估

Y. 社会风险及对策措施评估

Z. 主要风险综述

A′.风险影响程度评估

B′.风险应对措施评估

【考点细说与习题汇编】

1. 基于上述选项，命题时还可能会考核的题目有：

（1）下列企业投资项目咨询评估报告内容中，属于<u>资源开发及综合利用评估</u>内容的有（FGH）。【2010 年考过】

（2）下列企业投资项目咨询评估报告内容中，属于<u>节能方案评估</u>内容的有（IJK）。【2010 年考过】

（3）下列企业投资项目咨询评估报告内容中，属于<u>建设用地、征地拆迁及移民安置评估</u>内容的有（LMN）。

（4）按下列企业投资项目咨询评估报告内容中，属于<u>环境和生态影响评估</u>内容的有（OPQR）。

（5）下列企业投资项目咨询评估报告内容中，属于<u>经济影响评估</u>内容的有（STUV）。

（6）下列企业投资项目咨询评估报告内容中，属于<u>社会影响评估</u>内容的有（WXY）。

2. 关于该考点在考试时还可能会给出具体评估策略或做法，要求考生判断是属于哪项评估内容，一般是这样命题的：

（1）提出申报单位的申报资格以及是否具备承担拟建项目投资建设的基本条件的评估意见【2018 年考过】，并对项目概况进行阐述，属于企业咨询评估报告内容中的（A）。

（2）评估拟建项目是否符合各类规划要求，提出拟建项目与有关规划内容的衔接性及目标的一致性等评估结论，属于企业咨询评估报告内容中的（B）。

（3）评估拟建项目和项目建设单位是否符合有关行业准入标准的规定，属于企业咨询评估报告内容中的（C）。【2018 年考过】

（4）对于采用先进技术和科技创新的企业投资项目，评估是否符合增强自主创新能力、建设创新型国家的发展战略要求，是否符合国家科技发展规划要求，属于企业咨询评估报告内容中的（D）。

（5）评估拟建项目目标及功能定位是否合理，是否符合与项目相关的各类规划要求，是否符合相关法律法规、宏观调控政策、产业政策等规定，属于企业咨询评估报告内容中的（E）。

（6）评估拟建项目是否满足行业准入标准、重大布局优化、自主创新和采用先进技术等要求，对项目建设的必要性提出评估结论，属于企业咨询评估报告内容中的（E）。

（7）对于资源开发类项目，对开发方案是否符合资源开发利用的可持续发展战略要求、是否符合保护资源环境的政策规定、是否符合资源开发总体规划及综合利用的相关要求等提出评估意见，属于企业咨询评估报告内容中的（F）。

（8）对于需要占用重要资源的拟建项目，从发展循环经济、建设资源节约型社会等角度，对主要资源占用品种、数量、来源情况以及综合利用方案的合理性进行分析评估，属于企业咨询评估报告内容中的（G）。

（9）对拟建项目作为原材料的各类金属矿、非金属矿及水资源节约措施方案的合理性，采取资源节约措施后的资源消耗指标的对比分析提出评估意见，属于企业咨询评估报告内容中的（H）。

（10）评估项目建设方案节能设计规范的选择是否恰当，是否充分考虑到行业及项目所在地的特殊要求，内容是否全面、标准选择是否适宜，属于企业咨询评估报告内容中的（I）。

（11）评估项目建设方案所提出的能源消耗种类和数量是否可靠，分析项目方案所采用的能耗指标选择是否恰当，属于企业咨询评估报告内容中的（J）。

（12）对优化用能结构、满足相关技术政策、设计标准及节能减排政策要求等方面所采用的主要节能降耗措施是否可行，以及项目的节能效果提出评估意见，属于企业咨询评估报告内容中的（K）。

（13）对项目选址是否压覆矿床和文物、是否影响防洪、通航及军事设施安全等其他不利影响及其处理方案的合理性提出评估意见，属于企业咨询评估报告内容中的（L）。

（14）对项目用地是否符合土地利用规划要求、占地规模是否合理，是否符合保护耕地要求，耕地占用补充方案是否可行，是否符合因地制宜、节约用地、少占耕地、减少拆迁移民等要求提出评估意见，属于企业咨询评估报告内容中的（M）。

（15）对于涉及征地拆迁的项目，结合项目选址和土地利用方案的评估，分析论证方案制定过程中的公众参与、申诉机制、实施组织机构及监督机制等的规划方案是否完善提出评估意见，属于企业咨询评估报告内容中的（N）。

（16）评估项目对其所在地生态环境的影响程度，以及对整个流域及区域生态系统的综合影响后果，属于企业咨询评估报告内容中的（O）。

（17）评估拟建项目能否满足达标排放、保护环境和生态、水土保持等政策法规的要求，以及生态环境保护措施是否合理和可行，属于企业咨询评估报告内容中的（P）。

（18）评估项目是否可能诱发地质灾害、存在地震安全隐患，以及所提出的防御措施和对策是否可行，属于企业咨询评估报告内容中的（Q）。

（19）对于产出物不具备实物形态，且明显涉及公众利益的无形产品项目，从社会资源优化配置的角度，进行经济费用效益、费用效果分析或定性经济分析，评估经济费用、效益的识别计算是否恰当，属于企业咨询评估报告内容中的（S）。

（20）对区域经济可能产生重大影响的项目，评估拟建项目对区域经济所产生的影响，对如何协调项目与区域经济发展之间的关系、如何发挥项目对区域经济发展的正面影响效果，属于企业咨询评估报告内容中的（U）。

（21）对于涉及国家经济安全的重大项目，评估项目建设和运营对国家产业技术安全、资源供应安全、资本控制安全、产业成长安全、市场环境安全等方面的影响，提出评估意见和建议，属于企业咨询评估报告内容中的（V）。

（22）评估拟建项目对就业、减轻贫困、社区发展等方面的影响，包括正面和负面影响效果，属于企业咨询评估报告内容中的（W）。

（23）通过调查分析拟建项目利益相关者的需求，目标人群对项目建设内容的认可和接受程度，分析拟建项目能否为当地的社会环境、人文条件所接纳，当地居民支持拟建项目的程度，对拟建项目与当地社会环境的相互适应性提出评估意见，属于企业咨询评估报告内容中的（X）。

考点 5　资金申请报告的咨询评估

（题干）对企业申请中央预算内投资补助资金申请报告进行评估时，需要评估的内容有（ABCDE）。

A. 是否符合中央预算内投资的使用方向【2018 年考过】

B. 是否符合有关工作方案的要求

C. 是否符合投资补助和贴息资金的安排原则【2018 年考过】

D. 提交的相关文件是否齐备、有效

E. 项目的主要建设条件是否基本落实【2018 年考过】

F. 项目运作模式与交易结构是否合理

G. 项目规模与工程技术方案是否合理

H. 投融资方案是否可行

I. 物有所值评价和财政承受能力论证

J. 社会资本方采购方案是否合理

K. 政府承诺和风险分担机制是否合适

 【考点细说与习题汇编】

1. 基于上述选项，命题时还可能会考核的题目是：

政府和社会资本合作（PPP）项目实施方案评估的主要内容主要包括（FGHIJK）。

2. 对于中央预算内投资补助和贴息资金申请报告的咨询评估与国外贷款投资项目资金申请报告的咨询评估在考试时，备选项的设置一般不会将两项咨询评估的重点混淆作为干扰选项。

3. 对企业申请借用国际金融组织和外国政府贷款投资项目的资金申请报告进行咨询评估的重点主要包括：是否符合国家利用国外贷款的政策及使用规定；是否符合国外贷款备选项目规划；是否已按规定履行审批、核准或备案手续；国外贷款偿还和担保责任是否明确，还款资金来源及还款计划是否落实；国外贷款机构对项目贷款是否已初步承诺。

考点 6　社会稳定风险评估

（题干）项目单位在组织开展重大项目前期工作时，应当对社会稳定风险进行调查分析。下列关于社会稳定风险评估的说法，正确的有（ABCDEF）。

A. 涉及征地拆迁的重大工程项目建设要进行社会稳定风险评估

B. 重大工程项目建设需要进行社会稳定风险评估的，应当把社会稳定风险评估作为工

程项目可行性研究的重要内容

C. 对需要进行社会稳定风险评估的重大决策事项，重点从<u>合法性、合理性、可行性、可控性</u>方面进行评估

D. 重大决策社会稳定风险评估工作由<u>评估主体</u>组织实施

E. 需要多级党政机关做出决策的，由<u>初次决策的机关</u>指定评估主体，不重复评估

F. 社会稳定风险评估时，可以采取<u>公示、问卷调查、实地走访和召开座谈会、听证会</u>等多种方式，就决策事项听取各方面意见

 【考点细说与习题汇编】

1. 首先我们了解下社会稳定风险评估的范围。在考试时可能会考查多项选择题。

凡是直接关系人民群众切身利益且涉及面广、容易引发社会稳定问题的重大决策事项，包括涉及<u>征地拆迁、农民负担、国有企业改制、环境影响、社会保障、公益事业</u>等方面的<u>重大工程项目建设、重大政策制定</u>以及其他对社会稳定有较大影响的重大决策事项，党政机关做出决策前都要进行社会稳定风险评估。

2. 社会稳定风险评估程序：充分听取意见→全面分析论证→确定风险等级→提出评估报告。

考点 7　项目评估质量控制

（题干）项目评估质量控制是指为确保咨询评估成果的质量特性而进行的计划、组织、协调和控制等活动。下列关于项目评估质量控制的说法，正确的有（ABCDEFGH）。

A. 项目评估质量控制的目的是<u>确保咨询评估结论和意见建议的公平公正、科学合理，并符合相关规定要求</u>【2018年考过】

B. 项目评估质量控制可以<u>提高投资项目决策水平</u>，为投资主体和投资管理部门提供决策依据

C. 项目评估质量控制可以<u>提高投资效益，避免决策失误</u>

D. 项目评估质量控制可以提高项目前期工作质量与效率，避免重复返工造成的资源浪费

E. 项目评估质量控制工作的第一步是接受委托【2018年考过】

F. 项目评估人力资源配置最重要的是<u>项目经理选任和专家聘用</u>

G. 工程咨询机构应在组织内部建立多层级的质量评审工作机制

H. 工程咨询机构应建立组织内部的质量控制责任制

 【考点细说与习题汇编】

1. 项目评估质量控制的目的考试时还可能单独成题，命题形式是："项目评估质量控制的目的是（　　　）"。

2. 选项 BCD 阐述的是项目评估的作用，考试时可能会单独考查多项选择题。命题形式是："项目评估是为决策者进行科学决策或为政府核准项目提供依据的咨询活动，项目评估可以（<u>提高投资项目决策水平、提高投资效益、提高项目前期工作质量与效率</u>）"。

3. 项目评估质量控制的流程要掌握，2018 年以判断正确与错误说法的题型出现，还可能单独考查其控制流程。流程：接受委托→前期准备→组织评估→编写报告→质量评审→印刷、包装、交付→咨询工作总结。

4. 了解项目评估质量控制的重点。

项目评估质量控制的重点包括配置人力资源（项目经理选任和专家聘用）、收集待评资料、制订质量计划、建立评审制度（部门评审和公司评审）、建立质量控制责任制。

考点 8　承担政府委托咨询评估业务的要求

（题干）根据《国家发展改革委委托投资咨询评估管理办法（2015 年修订）》，下列关于国家发展改革委委托投资咨询评估的说法，正确的有（ABCDEFGHI）。

A. 报国务院审批的发展建设规划属于国家发展改革委委托评估范畴【2018 年考过】

B. 报国务院审批的项目建议书、可行性研究报告属于国家发展改革委委托评估范畴

C. 报国务院核准的项目申请书属于国家发展改革委委托评估范畴

D. 评估机构与项目业主单位存在控股关系时，评估机构应回避【2018 年考过】

E. 评估机构与承担行业（部门）审查任务的咨询机构之间存在关联关系，评估机构应回避

F. 承担某一事项编制任务、行业（部门）审查任务的评估机构，不得承担同一事项的咨询评估任务

G. 委托评估任务时，应首先分专业对评估机构进行初始随机排队【2018 年考过】

H. 评估机构接受任务后，随即排到该专业排队顺序的队尾

I. 对特别重要项目的咨询评估任务，国家发展改革委可以通过招标或指定方式确定评估机构【2018 年考过】

 【考点细说与习题汇编】

1. 国家发展改革委委托评估范畴是典型的多项选择题考点。国家发展改革委审批或核报国务院审批的发展建设规划、项目建议书、可行性研究报告；国家发展改革委核准或核报国务院核准的项目申请书均属于国家发展改革委委托评估的范围。

2. <u>委托规则和程序也是需要掌握的重点，考查题型有两种：一种就是 2018 年考试中出现的情况，在判断正确与错误说法的综合题目中出现；另一种就是给出各项工作程序，要求判断正确的顺序</u>，这是程序题经常考查的形式。比如：

国家发展改革委委托评估任务完成的工作内容有：① 在符合回避关联关系的前提下，确定承担咨询评估任务的评估机构；② 分专业对评估机构进行初始随机排队；③ 向接受任务的评估机构出具咨询评估委托书；④ 评估机构接受任务后，随即排到该专业排队顺序的

队尾。正确的程序是（B）。

    A. ①②③④   B. ②①③④   C. ①③②④   D. ②③①④

    3. 了解申请成为承担国家发展改革委咨询评估任务的评估机构应具备的基本条件。考试时可能以判断正确与错误说法的综合题目考查，也可能考查对数字的掌握。

    承担国家发展改革委咨询评估任务的评估机构，应具备以下基本条件：

    （1）具有所申请专业的<u>甲级</u>评估咨询资格，<u>连续 3 年执业检查合格</u>。

    （2）近 3 年开展所申请专业<u>总投资 2 亿元以上</u>项目的评估和可行性研究报告编制工作不少于 20 项（特殊行业除外）。

    （3）所申请专业专职从事工程咨询业务的专业技术人员<u>不少于 10 人</u>，其中具有高级专业技术职称、经济职称的人员<u>不少于 50%</u>，获得登记的咨询工程师（投资）人员<u>不少于 30%</u>。

第七章　建设方案研究与比选

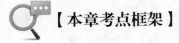

【本章考点框架】

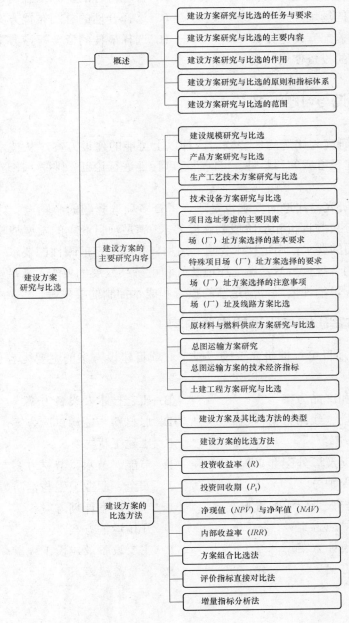

建设方案研究与比选

- 概述
  - 建设方案研究与比选的任务与要求
  - 建设方案研究与比选的主要内容
  - 建设方案研究与比选的作用
  - 建设方案研究与比选的原则和指标体系
  - 建设方案研究与比选的范围

- 建设方案的主要研究内容
  - 建设规模研究与比选
  - 产品方案研究与比选
  - 生产工艺技术方案研究与比选
  - 技术设备方案研究与比选
  - 项目选址考虑的主要因素
  - 场（厂）址方案选择的基本要求
  - 特殊项目场（厂）址方案选择的要求
  - 场（厂）址方案选择的注意事项
  - 场（厂）址及线路方案比选
  - 原材料与燃料供应方案研究与比选
  - 总图运输方案研究
  - 总图运输方案的技术经济指标
  - 土建工程方案研究与比选

- 建设方案的比选方法
  - 建设方案及其比选方法的类型
  - 建设方案的比选方法
  - 投资收益率（R）
  - 投资回收期（P_t）
  - 净现值（NPV）与净年值（NAV）
  - 内部收益率（IRR）
  - 方案组合比选法
  - 评价指标直接对比法
  - 增量指标分析法

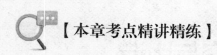 **【本章考点精讲精练】**

考点 1　建设方案研究与比选的任务与要求

（题干）投资项目建设方案研究的主要任务有（ABCDEFG）。

A. 选择合理的建设规模和产品方案　　　B. 选择先进适用的工艺技术

C. 选择性能可靠的生产设备　　　　　　D. 合理可行的资源供应与运输方案

E. 选择适宜的场址　　　　　　　　　　F. 选择合理的总图布置方案

G. 选择相应的配套设施方案　　　　　　H. 选择最佳的资金筹措方案

I. 选择适宜的投资使用计划

 【考点细说与习题汇编】

1. 建设方案研究与比选的任务要对两种以上可能的建设方案，从技术、经济、环境、社会各方面，对建设方案的科学性、可能性、可行性进行论证、排序、比选和优化。选项 H、I 为干扰选项。

2. 建设方案研究与比选的要求也是适合考查多项选择题的命题点。建设方案研究与比选满足项目决策分析与评价相应阶段的深度要求；满足项目业主的发展战略和对该项目的功能、盈利性等方面的要求；满足技术先进、适用，且有一定前瞻性的要求；满足技术具有可得性及技术贸易的合理性要求；满足环境友好和可持续发展的要求；满足资源节约要求；满足风险规避及工程可靠性要求；满足节约投资和成本控制的要求等。

考点 2　建设方案研究与比选的主要内容

（题干）投资项目可行性研究阶段一般工业项目建设方案的主要内容包括（ABCDEFGHIJKL）。

A. 建设规模和产品方案　　　　　　　　B. 工艺技术及设备方案

C. 场（厂）址、线路方案　　　　　　　D. 原材料与能源供应方案

E. 总图运输方案　　　　　　　　　　　F. 土建工程方案

G. 公用、辅助及厂外配套工程方案　　　H. 节能、节水、节材方案

I. 环境生态保护方案　　　　　　　　　J. 安全、职业卫生与消防方案

K. 组织机构与人力资源配置方案　　　　L. 项目进度计划方案

M. 燃料动力供应方案　　　　　　　　　N. 开拓运输方案

O. 公用辅助设计方案　　　　　　　　　P. 主要设备及建设工程量

Q. 市场营销方案　　　　　　　　　　　R. 资金筹措方案

【考点细说与习题汇编】

该考点是典型的多项选择题考点。选项 MNOPQR 均为干扰选项，选项 M 属于铁路项目的建设方案内容；选项 NOP 属于矿山开采项目的建设方案内容。

考点 3　建设方案研究与比选的作用

（题干）建设方案研究是项目可行性研究的核心内容，建设方案研究与比选的作用包括（ABCDEFGHI）。

A. 是构建合理的经济和技术方案的重要工具

B. 是判断项目是否可行和项目投资决策的重要依据

C. 是进行项目经济评价、环境评价和社会评价的基础

D. 为投资估算、融资方案研究、成本费用和财务效益、经济效益、社会效益、环境效益等后续分析工作提供条件

E. 在逐步完善建设方案的同时，实现项目优化

F. 是下阶段初步设计的依据

G. 为建设资源节约型社会，发展循环经济，提供合理的节能、节水、节材、节地等技术数据

H. 为评价建设项目能耗指标在国内外所处的水平提供依据

I. 为项目核准、备案以及建成后有关节能验收提供依据

【考点细说与习题汇编】

建设方案研究与比选对项目的科学决策起着关键作用，要重点掌握。

考点 4　建设方案研究与比选的原则和指标体系

（题干）建设方案研究与比选需遵循（ABCDEFG）原则。

A. 先进性　　　　　　　　　　　B. 适用性【2018 年考过】

C. 可靠性　　　　　　　　　　　D. 安全性【2018 年考过】

E. 经济性　　　　　　　　　　　F. 对比性

G. 技术、经济、社会和环境相结合【2018 年考过】

【考点细说与习题汇编】

1. 针对上述备选项，还可能作为考题的题目有：

（1）拟比选的建设方案必须是成熟的、稳定的，对产品的质量性能和项目的生产能力有足够的保证程度，能防范和积极避免因建设方案而产生的资源浪费、生态平衡、人类安全受

危害等情况的发生。体现了建设方案研究与比选的（C）原则。

（2）拟比选的建设方案必须考虑是否会对操作人员造成人身伤害，有无保护措施，"三废"的产生和治理情况，是否会破坏自然环境和生态平衡等。体现了建设方案研究与比选的（D）原则。

（3）拟比选的建设方案，要根据项目的具体情况，分析建设方案的投资费用、劳动力需要量、能源消耗量、产品最终成本。体现了建设方案研究与比选的（E）原则。

2. 建设方案研究与比选的指标体系包括技术层面、经济层面和社会层面（含环境层面）等方面指标【2010 年考过】。不同类别的项目，比选重点不同，具体如下：

公共产品类项目	偏重社会层面
竞争类项目	偏重经济层面和技术层面

考点 5　建设方案研究与比选的范围

（题干）下列比选内容中，属于分项工程的方案研究和比选内容的有（FGHIJ）。

A. 建设规模与产品方案【2014 年考过】　　B. 总体技术路线

C. 场址选择方案【2014 年考过】　　D. 总体布局和主要运输方案

E. 环境保护方案【2014 年考过】　　F. 各车间建设方案

G. 各生产装置建设方案　　H. 道路建设方案

I. 管线建设方案　　J. 码头建设方案

K. 公用工程配套设施建设方案　　L. 主要设备选择方案

【考点细说与习题汇编】

在考试中，这些相互作为干扰选项，命题时还可能会考核的题目是：

（1）建设项目整体方案的比选内容一般包括（ABCDE）。

（2）各专业工程的方案研究比选一般包括（KL）。

考点 6　建设规模研究与比选

（题干）关于项目建设方案研究中建设规模的说法，正确的有（ABCDEFGHI）。

A. 确定建设规模应考虑合理的经济规模

B. 建设规模应根据市场容量确定拟建项目的市场份额

C. 合理的经济规模可以使项目获得最佳的经济效益【2012 年、2013 年考过】

D. 建设规模的确定，既要考虑当地环境的承受能力，还要考虑企业污染物总量控制的可能性

E. 根据技术装备水平和市场需求的变化来确定拟建项目的建设规模

F. 生产技术与主要设备的制造水平，与建设规模相关【2014 年考过】

G. 建设规模方案的选择应结合资金的可得性，量力而行地考虑建设规模

H. 项目建设规模是否符合国家和行业的产业政策、相关规划和准入条件是考虑其合理性的首要因素

I. 项目建设规模的经济性问题，是建设方案总体研究时需要考虑的重要问题

 【考点细说与习题汇编】

1. 本题中可能会出现的错误选项如下：

A. 生产技术通常与建设规模关联不大

B. 建设规模由国家产业政策决定

C. 建设规模应根据市场容量确定，建设规模越大越好

D. 市场确定后，建设规模的决定因素是资金筹集额

E. 合理经济规模具有最小的总成本费用

2. 关于该考点还需要掌握以下几个知识点：

（1）确定建设规模需考虑的主要因素：① 合理的经济规模；② 市场容量与竞争力；③ 环境容量和自然资源供应量；④ 技术经济社会条件和现代化建设要求。

（2）衡量经济规模合理性的指标通常有：单位产品投资；单位产品成本；劳动生产率；单位投资利润【2016 年考过】。

（3）确定建设规模的主要方法：经验法、生存技术法、规模效果曲线法。

（4）建设规模合理性分析，主要从产业政策和行业特点的符合性、资源利用的合理性、建设条件的匹配性与适应性、收益的合理性等方面考虑比选。

考点 7　产品方案研究与比选

（题干）关于项目建设方案研究中产品方案的说法，正确的有（ABCDEFGH）。

A. 产品方案应符合国家产业政策、能源政策、技术政策、行业准入标准及优化经济结构等需要

B. 产品方案应以市场需求为导向

C. 产品方案应从社会和区域的角度考察产品方案是否符合专业化协作要求，以及产品与上下游产业链、产品链的衔接要求

D. 产品方案应考虑资源综合利用、循环经济和低碳经济的要求

E. 产品方案应根据环保部门要求和可能提供的环境容量确定

F. 产品方案应考虑生产供应条件

G. 产品方案应与可能获得的技术装备水平相适应

H. 对于单一产品、定向销售的产品可不做产品方案比较

【考点细说与习题汇编】

备考复习时主要关注产品方案选择考虑的主要因素。考试时一般以判断正确与错误说法的综合题目考查。

考点 8　生产工艺技术方案研究与比选

（题干）适用性原则是选择生产工艺技术应遵循的原则之一，适用性主要体现在（GHIJKL）等方面。

A. 产品性能好

B. 产品使用寿命长

C. 单位产品物耗能耗低

D. 劳动生产率高

E. 自动化水平高

F. 平稳运行周期长

G. 与项目的生产规模相匹配

H. 与原材料路线、辅助材料和燃料相匹配【2010 年考过】

I. 与国内外供应的设备在性能上相互协调【2010 年考过】

J. 符合资源条件、环保要求、经济发展水平【2010 年考过】

K. 与员工素质和管理水平相适应【2010 年考过】

L. 与项目的建设规模相适应

M. 可以生产出合格的产品

N. 可以实现项目设定的目标

O. 消耗少、投资小、成本低、利润高

 【考点细说与习题汇编】

1. 这些互相作为干扰选项，命题时还可能会考核的题目有：

（1）先进性原则是选择生产工艺技术应遵循的原则之一，先进性主要体现在（ABCDEF）等方面。

（2）可靠性原则是选择生产工艺技术应遵循的原则之一，可靠性主要体现在（MN）等方面。

（3）经济合理性原则是选择生产工艺技术应遵循的原则之一，经济合理性主要体现在（O）。

2. 生产工艺技术选择考虑的主要因素：先进性、适用性、安全性、可靠性、经济合理性、符合清洁生产工艺要求。

3. 有关生产工艺技术方案的比选内容和方法，历年主要以判断正确与错误说法的题型出现，应掌握的知识点如下：

比选内容		技术特点、原料适应性、工艺流程、关键设备结构及性能、产品物耗和能耗、控制水平、操作弹性、操作稳定性、本质安全和环保、配套条件、建设费用和运营费用、效益等诸多方面。要突出创新性和技术特点，重视对专利、专有技术的分析【2013年考过】
比选方法	定量指标比选	利用原材料和辅助材料的物耗指标、能源消耗指标、产品收率、原料损失率、产品质量（包括高附加值产品产率等）等指标进行技术分析
		利用单位产品成本、单位产品投资、技术使用权费用等指标进行经济分析
		利用占地面积、定员等指标进行综合分析【2012年、2013年、2018年考过】
	风险因素进行定量或定性分析	主要包括影响技术先进性、适用性和可靠性的因素，未来被其他新技术替代、淘汰的可能性，国家产业发展和环境保护政策等的影响等【2013年考过】

4. 关于该考点，还需要掌握工艺技术方案来源分类，即

（1）生产工艺技术全部为国产化。【2013年考过】

（2）生产工艺技术部分实现国产化。

（3）国内外招标，择优选择。

（4）基础设计、详细设计、设备采购均由国内工程公司完成，实现工程技术国产化。

（5）技术特别复杂、国内为第一套的建设项目，其工艺技术、工艺包、基础设计均由国外工程公司完成，详细设计、部分设备采购由国内工程公司完成。

工艺技术的引进，需要坚持引进—改造—发展的方针，走"吸收、综合、创新"的道路。

考点9 技术设备方案研究与比选

（题干）关于项目技术及设备来源方案研究的说法，正确的有（ABCDEFGHIJK）。

A. 选用技术设备要进行设备软件和硬件在内的专有技术和专利技术比较【2014年考过】

B. 对利用和改造原有设备的技术改造项目，要提出各种对原有设备改造方案，并分析各方案的效果【2018年考过】

C. 选用技术设备应考虑工艺技术方案与建设规模的适应度

D. 在考虑设备引进时，要研究工艺上使用的成熟可靠性，技术上的先进性和稳定性【2012年考过】

E. 优先选用国内已经生产并能达到工艺要求、质量可靠、性能先进的国产设备

F. 尽可能选择节能设备

G. 设备选用应考虑管理与操作的适应性

H. 国内有成熟制造经验且有应用业绩的设备由国内采购【2012年考过】

I. 已经市场化、国内有制造能力的设备，采用公开招标方式国内外采购，同等条件下国内优先【2012年考过】

J. 国内尚无制造业绩的某些关键设备，可采用引进技术、合作制造方式采购【2012年考过】

K. 尚无制造业绩的新设备，通过招标确定开发研究企业进行设备研发，通过技术论证后批量制造使用【2012年考过】

【考点细说与习题汇编】

1. 选项 A 可能设置的干扰选项是：选用技术设备通常只考虑其硬件费用。

2. 选项 B 可能设置的干扰选项是：技术改造项目不需要进行方案比选。

3. 关于该考点在备考复习时要特别关注设备选择考虑的主要因素、设备采购方案类型，历年考试以判断正确与错误说法的综合题目出现。

考点 10 项目选址考虑的主要因素

（题干）下列影响项目选址的区域因素中，属于集聚因素的有（VW）。

A. 矿产资源
B. 水资源
C. 土地资源
D. 能源
E. 海洋资源
F. 气象条件【2013 年考过】
G. 地形地貌【2013 年考过】
H. 工程地质
I. 水文地质【2013 年考过】
J. 运输设施及能力
K. 产品销售市场
L. 原材料市场
M. 动力供应市场
N. 劳动力市场与分布
O. 劳动力资源
P. 劳动力素质
Q. 劳动力费用
R. 经济社会发展的总体战略布局
S. 地区分类和市县等别
T. 少数民族地区经济发展政策
U. 拟建项目地区民族的文化、习俗
V. 集中供热设施【2014 年考过】
W. 区域污水处理厂【2014 年考过】

 【考点细说与习题汇编】

1. 基于上述选项，命题时还可能会考核的题目有：

（1）下列影响项目选址的区域因素中，属于自然环境因素的有（ABCDEFGHI）。

（2）下列影响项目选址的区域因素中，属于交通运输因素的有（J）。

（3）下列影响项目选址的区域因素中，属于市场因素的有（KLM）。

（4）下列影响项目选址的区域因素中，属于劳动力因素的有（NOPQ）。

（5）下列影响项目选址的区域因素中，属于社会和政策因素的有（RST）。

（6）下列影响项目选址的区域因素中，属于人文条件因素的有（U）。

2. 关于集聚因素还需要掌握以下知识点：

集中布局能带来集聚效应，实现物质流和能量流综合利用，能有效地减少产品成本、降低费用【2013 年考过】。集中布置，使得大型"公用工程岛"的建设成为可能，能最大限度地降低水、电、汽、气成本，利于"三废"的综合治理，提高环境友好水平等。

集聚效应会带来大型化、集约化和资源共享，节约建设投资，减少建设周期。【2013 年考过】

考点 11　场（厂）址方案选择的基本要求

（题干）建设项目场（厂）址方案选择，应满足的基本要求有（ABCDEFGHIJKLM）。

A. 符合国家和地区规划的要求

B. 符合城市（乡、镇）总体规划、土地利用总体规划、工业园区总体规划、环境保护规划的要求【2018 年考过】

C. 重视节约用地和合理用地，充分利用荒地、劣地，不占基本农田或尽量少占基本农田

D. 有可供选择利用的工业固体废弃物存放场地、污水排放口及纳污水体或收纳处置污水的场所

E. 有丰富可靠（或靠近）的原料供应市场和产品销售（或靠近）市场，减少运输环节【2018 年考过】

F. 有充足的水源和电源

G. 有便利的外部交通运输条件【2018 年考过】

H. 有利于生产协作和上下游加工一体化【2018 年考过】

I. 有利于原料资源的合理利用

J. 场址地形地貌要适合项目特点

K. 有良好的社会经济环境，可依托的基础设施和方便的生活服务设施

L. 有良好的工程地质、水文地质、气象、防洪防涝、防潮、防台风、防地质灾害、防震等条件

M. 环境良好，且应有一定的环境容量和纳污能力

 【考点细说与习题汇编】

该考点作为备考复习时的重要考点，历年考试主要以判断正确与错误说法的综合题目出现。

考点 12　特殊项目场（厂）址方案选择的要求

（题干）根据《危险废物填埋污染控制标准》（GB 18598—2001/XG1—2013），危险废物填埋场选择应避开（ABCDEFGHIJK）。

A. 破坏性地震及活动构造区　　　　B. 海啸及涌浪影响区

C. 湿地及低洼汇水区　　　　　　　D. 地应力高度集中、地面抬升或沉降速率快的地区

E. 石灰溶洞发育带　　　　　　　　F. 废弃矿区或塌陷区

G. 崩塌、岩堆、滑坡区　　　　　　H. 山洪、泥石流地区

I. 活动沙丘区　　　　　　　　　　J. 尚未稳定的冲积扇及冲沟地区

K. 高压缩性淤泥、泥炭及软土区

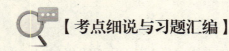

【考点细说与习题汇编】

特殊项目场（厂）址方案选择的要求也是历年考试的重点，下表将特殊项目场（厂）址方案选择可能考查的知识点进行了疏理：

特殊项目场（厂）址		选择要求	
固体废弃物处置场址	I类场	应优先选用废弃的采矿坑、塌陷区	（1）符合当地城乡建设总体规划要求。 （2）选在满足承载力要求的地基上，以避免地基下沉的影响，特别是不均匀或局部下沉的影响。 （3）避开断层、断层破碎带、溶洞区，以及天然滑坡或泥石流影响。 （4）禁止选在江河、湖泊、水库最高水位线以下的滩地和洪泛区。 （5）禁止选在自然保护区、风景名胜区和其他需要特别保护的区域
	II类场	应避开地下水主要补给区和饮用水源含水层；应选在防渗性能好的地基上。天然基础层地表距地下水位的距离不得小于1.5m	
危险废物贮存设施		（1）地质结构稳定，地震烈度不超过7度的区域内【2012年考过】。 （2）设施底部必须高于地下水最高水位。 （3）应避免建在溶洞区或易遭受严重自然灾害如洪水、滑坡，泥石流、潮汐等影响的地区。 （4）应在易燃、易爆等危险品仓库、高压输电线路防护区域以外。 （5）应位于居民中心区常年最大风频的下风向	
危险废物填埋场		（1）场址不应在工农业发展规划区、农业保护区、自然保护区、文物保护区、风景名胜区、生活饮用水源保护区、供水远景规划区、矿物资源储备区和其他需要保护的区域内。 （2）填埋场场址必须位于百年一遇洪水标高线以上，并在长远规划中的水库和人工蓄水设施淹没区和保护区之外。 （3）填埋场址的地质条件应符合：满足填埋场基础层的需要；满足现场及附近有充足的黏土资源，以满足构筑防渗层的需要；地下水位应在不透水层3m以下；天然地层岩性相对均匀，渗透率低；地质结构相对简单，没有断层。 （4）场地面积应能满足10年或以上的使用期；场址交通方便、运距短、建造和运营费用低	

考点 13 场（厂）址方案选择的注意事项

（题干）下列区域及范围中，在工业建设项目厂址选择时，不得选择的有（ABCDEFGHIJKLMNOPQRST）。

A. IV级自重湿陷性黄土区域

B. 厚度大的新近堆积黄土区域

C. 高压缩性的饱和黄土区域

D. III级膨胀土区域

E. 地震断层和设防烈度高于九度的地震区

F. 泥石流直接危害区域【2016 年考过】

G. 滑坡直接危害区域

H. 流沙直接危害区域

I. 溶洞直接危害区域

J. 坝或堤决溃后可能淹没的地区

K. 采矿陷落（错动）区界限内【2016 年考过】

L. 大型尾矿库及废料场（库）的坝下方

M. 有严重放射性物质或大量有害气体影响的地域

N. 传染病和地方病流行区域

O. 已严重污染、环境上不允许的区域

P. 有高压输电线路、地下管线、通信线路的区域

Q. 有爆破作业的危险区

R. 国家规定的风景区

S. 森林和自然保护区【2012 年考过】

T. 历史文物古迹保护区

 【考点细说与习题汇编】

基于上述选项，命题时还可能会考核的题目有：

（1）下列区域及范围中，在工程地质条件方面，宜避开的地区和地段有（ABCDEF GHIJKL）。

（2）下列区域及范围中，宜避开对工厂环境、劳动安全卫生有威胁的区域有（MNOPQ）。

（3）下列区域及范围中，避开重要的供水水源卫生保护区的区域有（RST）。

考点 14 场（厂）址及线路方案比选

（题干）关于场（厂）址比选内容的说法，正确的有（ABCDEFGHIJK）。

A. 建设条件比较表包括厂区地势条件的内容【2014 年考过】

B. 建设条件比较表包括工程地质条件的内容

C. 建设条件比较表包括生活设施及协作条件的内容

D. 建设条件比较表包括动力供应条件的内容

E. 投资费用比较表包括临时建筑设施费用【2014 年考过】

F. 投资费用包括场地开拓工程、基础工程、运输工程、动力供应及其他工程等费用

G. 运营费用比较包括不同场（厂）址带来的原材料、燃料运输费、产品运输费、动力费、排污费和其他运营费用方面的差别

H. 运营费用比较需要考虑公用工程的供应方式和价格【2014 年考过】

I. 环境保护条件包括场（厂）址位置与城镇规划关系、与风向关系、与公众利益关系【2014 年考过】

J. 在可行性研究阶段应形成"安全条件论证报告"【2014 年考过】

K. 安全条件论证在场（厂）址选择阶段，可以比较表的形式进行初步论证

 【考点细说与习题汇编】

1. 本题中可能会出现的错误选项如下：

A. 环境保护条件比较与风向关系不大

B. 环境保护条件比较与城镇规划没有关系

C. 运营费用比较不包括不同场（厂）址的原料、产品的运输方案带来的运输费用差别

D. 在场（厂）址选择阶段应形成"安全条件论证报告"

2. 场（厂）址及线路方案比选包括五方面内容，在考试时除了以考查判断正确与错误说法的综合题目考查，还可能会对每项内容进行单独考查。要注意掌握细节知识点。

考点 15 原材料与燃料供应方案研究与比选

（题干）关于原材料供应方案研究与比选的说法，正确的有（ABCDEF）。

A. 要研究确定所需原材料的品种、质量、性能

B. 考虑原材料需求量

C. 必须进行多种方案比较

D. 对于稀缺的原料还应分析原料来源的风险和安全性

E. 涉及原料进口的项目，应说明和分析存在进口配额、贸易权限的规定

F. 物料的经常储备量、保险储备量、季节储备量和物料总储备量，可以作为生产物流方案研究的依据

 【考点细说与习题汇编】

原材料和燃料供应方案比选包括：

（1）采购的可靠性、稳定性、安全性。

（2）价格（含运输费）的经济性及可能的风险。

（3）经过比选，提出推荐方案。

考点 16 总图运输方案研究

（题干）下列总图运输方案研究的内容中，属于厂区总平面布置要求的有（ABCDEFGHIJK）。

A. 建筑物、构筑物等设施应联合多层布置【2014 年考过】

B. 按功能分区集中布置

C. 避免过多过早占用土地

D. 避免多征少用、早征迟用

E. 合理地布置建筑物、构筑物和有关设施【2012 年考过】

F. 合理确定厂区通道宽度

G. 合理划分功能区【2012 年考过】

H. 与厂外交通相衔接【2013 年考过】

I. 充分利用地形、地势等自然条件【2013 年考过】

J. 分期建设的工业企业，近远期工程应统一规划【2014 年考过】

　　K. 有洁净要求的生产装置和辅助设施，宜位于可燃气体、粉尘场所的全年主导风向上风侧

　　L. 合理改造厂区自然地形

　　M. 确定建筑物的标高【2009 年考过】

　　N. 合理组织场地排水【2010 年、2012 年考过】

　　O. 避免深挖高填【2016 年考过】

　　P. 力求减少土石方工程量【2010 年考过】

　　Q. 保证物流人流的良好运输与通行

　　R. 合理利用高程和坡度【2016 年考过】

　　S. 保证场地不内涝【2016 年考过】

　　T. 保证场地不受洪水的威胁

　　U. 考虑管道敷设的要求【2010 年考过】

　　V. 确定道路形式

　　W. 确定路面宽度

　　X. 确定纵坡及道路净空

 【考点细说与习题汇编】

　　1. 这些互相作为干扰选项，命题时还可能会考核的题目有：

　　（1）厂区竖向布置是总图运输方案研究的内容之一。厂区竖向布置方案研究应（LMNOPQRSTU）。

　　（2）厂区道路布置是总图运输方案研究的内容之一。厂区道路方案设计的内容包括（VWX）。

　　2. 本题还可能这样命题：关于厂区总平面布置要求的说法，正确的有（　　　　）。

　　3. 该考点作为备考复习的重要考点，要多加关注，在历年考试中通常以多项选择题考查。为了帮助考生记忆，现将容易考查的知识点总结如下表：

总体布置要求	应符合城镇总体规划、工业园区布局规划，结合工业企业所在区域进行全面规划
厂区总平面布置 8 个要求	（1）建（构）筑物应联合多层布置。 （2）按功能分区集中布置。 （3）近远期工程应统一规划。 （4）充分利用自然条件，减少土（石）方工程量和基础工程费用。 （5）与厂外交通相适应，与水、电线路相适应，减少转角，运距短、线路直。 （6）合理确定厂区通道宽度。 （7）公路和地区架空电力线路、油/气输送管道、区域排洪沟通过厂区时应严格执行规范。 （8）改扩建项目充分利用现有条件，调整理顺现有总图布置
竖向布置 4 个要求	（1）应与总体布置和总平面布置相协调。 （2）满足生产工艺、场内外运输装卸、管道敷设对坡向、坡度、高程的要求。 （3）充分利用地形，合理确定标高，力求减少土石方工程量。 （4）保证场地排水通畅

考点 17 总图运输方案的技术经济指标

（题干）某建设项目总占地面积为 100 000m²，建有四座建筑面积均为 6000m² 的单层库房，其中两座层高为 6m，另外两座层高分别为 9m 和 10m，还有一个占地面积为 5000m² 的露天堆场。该项目的容积率是（A）。【2011 年考过】

A. 0.36   B. 0.30   C. 0.29   D. 0.24

 【考点细说与习题汇编】

1. 首先要了解总图运输方案的技术经济指标包括：投资强度、容积率、建筑系数和行政办公及生活服务设施用地所占比重、绿地率【2009 年考过】。该考点通常以计算题的形式来考查，一般会出一道计算题。

2. 在解答本题之前需要先来学习下总图运输方案技术经济指标的计算公式：

（1）投资强度＝项目固定资产总投资/项目总用地面积

（2）建筑系数＝（建筑物占地面积＋构筑物占地面积＋堆场用地面积）/项目总用地面积×100%

（3）场地利用系数＝建筑系数＋［（道路、广场及人行道占地面积＋铁路占地面积＋管线及管廊占地面积）/项目总用地面积×100%］

（4）厂区绿化系数＝厂区绿化用地计算面积/厂区占地面积×100%

（5）容积率＝总建筑面积/总用地面积

（6）行政办公及生活服务设施用地所占比重＝行政办公、生活服务设施占用土地面积/项目总用地面积×100%

3. 本题是对容积率的计算，直接套用公式即可，需要注意的是，题干中"另外两座层高分别为 9m 和 10m"这个条件，当建筑物层高超过 8m，在计算容积率时该层建筑面积加倍计算。所以该项目的容积率＝（6000×2＋6000×2＋6000×2）m²/100 000m²＝0.36。

下面再看一下其他备选项是怎么得来的：

选项 B：（6000×2＋6000＋6000×2）m²/100 000m²＝0.30。

选项 C：（6000×2＋6000＋6000＋5000）m²/100 000m²＝0.29。

选项 D：（6000×2＋6000＋6000）m²/100 000m²＝0.24。

4. 另外，还有一些需要掌握的相关规定，在考试时可能会以判断正确与错误说法的综合题目考查，2014 年这样考过。现将考查到的知识点整理如下：

（1）工业企业内部一般不得安排绿地。【2014 年考过】

（2）特殊要求需要安排，绿地率不得超过 20%。

（3）一般工业项目：建筑系数应不低于 30%。【2014 年考过】

（4）当建筑物层高超过 8m，在计算容积率时该层建筑面积加倍计算。【2014 年考过】

（5）工业项目所需行政办公及生活服务设施用地面积不得超过工业项目总用地面积的7%。【2014 年考过】

5. 下面是历年考试对总图运输方案技术经济指标考查的计算题：

（1）某厂区设计方案中，厂房、办公楼占地面积 $6000m^2$，露天堆场占地面积 $2000m^2$，原材料和燃料堆场占地面积 $1000m^2$，厂区道路占地面积 $800m^2$，其他占地面积 $1500m^2$，则该厂区的建筑系数是（C）。【2009 年、2018 年考过】

A. 53.10%　　　　　B. 70.80%　　　　　C. 79.65%　　　　　D. 85.71%

【分析】建筑系数计算考查的概率非常大，重点掌握。厂区的建筑系数＝（6000＋2000＋1000）m^2/（6000＋2000＋1000＋800＋1500）m^2＝79.65%。

（2）某项目厂区占地 150 000m^2，厂区内露天堆场占地 30 000m^2，道路及广场占地 10 000m^2，污水池占地 5000m^2，若建筑系数达到 40%，则建筑物占地面积应达到（B）m^2。【2013 年考过】

A. 15 000　　　　　B. 25 000　　　　　C. 30 000　　　　　D. 35 000

【分析】建筑物占地面积的考查并不常见，解答本题需要通过建筑系数公式推导出建筑物占地面积公式，这本质上也是对建筑系数的考查。建筑物占地面积＝项目总用地面积×建筑系数－构筑物占地面积－堆场用地面积。即建筑物占地面积＝150 000m^2×40%－5000m^2－30 000m^2＝25 000m^2。

（3）某项目建设一座单层库房，建筑层高为 12m，占地面积 50 000m^2，建设一座占地面积为 5000m^2 的六层办公楼，配套建设两个水池，占地面积分别为 2500m^2 和 1500m^2。该项目总用地面积 15hm^2，其中道路占地 5000m^2，则该项目的场地利用系数为（B）。【2012 年考过】

A. 39.33%

C. 72.67%

B. 42.67%

D. 76.00%

【分析】直接套用公式计算，场地利用系数＝（50 000＋5000＋2500＋1500）m^2/（15×10 000）m^2×100%＋5000m^2/（15×10 000）m^2×100%＝42.67%。

通过这些题目练习相信考生能轻松地掌握这部分知识点了。

考点 18　土建工程方案研究与比选

（题干）下列对投资项目工程方案选择基本要求的表述中，正确的有（ABCDEFG）。

A. 应满足生产使用功能要求

B. 分期建设的项目，应留有适当的发展余地【2009 年考过】

C. 在已选定的场址范围内合理布置建筑物和构筑物【2009 年考过】

D. 建筑工程方案要适应已选定的厂址【2011 年考过】

E. 建筑物、构筑物的基础、结构和所采用的建筑材料，应符合政府部门或者专门机构发布的技术标准规范要求

F. 工程方案在满足使用功能、确保质量前提下，力求降低造价，节约建设资金【2009 年考过】

G. 技术改造项目的工程方案，应合理利用现有场地与设施【2009 年考过】

【考点细说与习题汇编】

1. 选项 F 可能会设置的干扰选项是：工程方案的选择应以节省投资为前提。
2. 关于土建工程方案的研究内容，还需要掌握以下知识点：

一般工业项目的工程方案	主要研究其建筑特征（面积、层数、高度、跨度），建筑物、构筑物的结构形式，以及特殊建筑要求（防火、防爆、防腐蚀、隔音、隔热、防渗等），大型油罐及建筑物、构筑物的基础工程方案，抗震设防措施等【2013 年考过】
民用建筑的工程方案	主要研究建筑物形式、体量、结构、装饰等方案的选择
水利水电项目的工程方案	主要研究坝址、坝型、坝体建筑结构、坝基处理以及各种建筑物、构筑物的工程方案。同时，还应研究提出库区移民安置的工程方案【2013 年考过】

考点 19　建设方案及其比选方法的类型

（题干）从不同的角度出发，建设方案比选的方法不同。按比选所应用的模型工具分，建设方案可分为（AB）。

A. 定性方案比选　　　　　　　　B. 定量方案比选
C. 整体方案比选　　　　　　　　D. 专项方案比选
E. 通用方案比选　　　　　　　　F. 专用方法比选

【考点细说与习题汇编】

1. 基于上述选项，命题时还可能会考核的题目是：
从不同的角度出发，建设方案比选的方法不同。按比选的范围分，建设方案可分为（CD）。
2. 选项 EF 不属于建设方案比选方法的类型。
3. 关于该考点，还要了解建设方案的类型，这是学习后面内容的基础。方案间的关系包括独立型、互斥型、互补型、相关型、从属型和混合型关系。

考点 20　建设方案的比选方法

（题干）投资方案经济评价指标可分为静态评价指标和动态评价指标。下列指标属于动态评价指标的有（ABCDEFGH）。

A. 动态投资回收期　　　　　　　B. 净现值
C. 净年值　　　　　　　　　　　D. 内部收益率
E. 净现值率　　　　　　　　　　F. 费用现值
G. 费用年值　　　　　　　　　　H. 效益费用比
I. 总投资收益率　　　　　　　　J. 资本金净利润率

K. 静态投资回收期　　　　　　L. 利息备付率

M. 偿债备付率　　　　　　　　N. 资产负债率

O. 流动比率　　　　　　　　　P. 速动比率

 【考点细说与习题汇编】

1. 基于上述选项，命题时还可能会考核的题目有：

（1）下列指标中，属于<u>静态评价指标</u>的有（IJKLMNOP）。

（2）下列指标中，属于投资方案经济比选指标的有（ABCDEFGHIJKLMNOP）。

（3）下列指标中，属于<u>价值型指标</u>的有（BCFG）。

（4）下列指标中，属于<u>时间型指标</u>的有（AK）。

（5）下列指标中，属于<u>比率型指标</u>的有（DEHIJLMNOP）。

（6）下列指标中，属于<u>偿债能力</u>分析指标的有（LMNOP）。

（7）下列指标中，属于<u>盈利能力</u>分析指标的有（ABCDEFGHIJK）。

（8）下列指标中，（I）是从融资前的角度评价方案总投资盈利性的静态指标。

2. 建设方案技术比选方法包括<u>简单评分法和加权评分法</u>。

考点 21　投资收益率（R）

（题干）关于投资收益率指标的说法，正确的有（ABCDEFG）。

A. 投资收益率 <u>R＝年净收益或年均净收益/投资总额×100%</u>

B. 投资收益率 R <u>大于或等于</u>基准投资收益率 R_c 时，方案<u>在经济上是可行的</u>

C. 投资收益率 R <u>小于</u>基准投资收益率 R_c 时，方案<u>在经济上是不可行的</u>

D. 投资收益率指标的经济意义明确、直观，计算简便

E. 投资收益率在一定程度上反映了投资效果的优劣

F. 投资收益率<u>忽视了资金时间价值</u>

G. 多用于初步比选分析

 【考点细说与习题汇编】

1. 投资收益率的概念，可能会直接考查单项选择题，采分点是：正常生产年份的年净收益总额与方案投资总额的比率。

2. 投资收益率指标的优缺点要掌握，一般会以判断正确与错误说法的综合题考查。

3. 一般不会考查投资收益率的计算，了解公式即可。

$$总投资收益率＝\frac{年息税前利润或年均息税前利润（EBIT）}{总投资（I）}$$

$$资本金净利润率＝\frac{年净利润（NP）}{资本金投资（EC）}$$

考点 22　投资回收期（P_t）

（题干）某常规投资方案现金流量的数据见下表，则该规投资方案的静态投资回收期为（A）年。

计算期/年	0	1	2	3	4	5	6	7	8
现金流入/万元	—	—	—	800	1200	1200	1200	1200	1200
现金流出/万元	—	600	900	500	700	700	700	700	700

A. 5.4　　　　　　B. 5.0　　　　　　C. 5.2　　　　　　D. 6.0

【考点细说与习题汇编】

1. 当项目建成投产后各年的净收益不相同，则静态投资回收期可根据累计净现金流量求得，也就是在现金流量表中累计净现金流量由负值转向正值之间的年份。根据题干计算累计净现金流量，见下表：

计算期/年	1	2	3	4	5	6	7	8
净现金流量/万元	−600	−900	300	500	500	500	500	500
累计净现金流量/万元	−600	−1500	−1200	−700	−200	300	800	1300

则：$P_t =$（累计净现金流量出现正值的年份数 − 1）$+ \dfrac{\text{上一年累计净现金流量的绝对值}}{\text{出现正值年份的净现金流量}}$

$=（6-1）$ 年 $+ \dfrac{|-200|}{500}$ 年 $=5.4$ 年。

2. 关于该考点还需要掌握以下几个知识点：

概念	静态投资回收期是指在不考虑资金时间价值的条件下，以方案的净收益回收其总投资（包括建设投资和流动资金）所需要的时间【2018 年考过】
判别准则	（1）静态投资回收期 P_t 小于或等于基准投资回收期 P_c，方案可以考虑接受。 （2）静态投资回收期 P_t 大于基准投资回收期 P_c，方案不可接受
优点与不足	投资回收期指标容易理解，计算也比较简便；项目投资回收期在一定程度上反映了资本的周转速度。投资回收期没有全面地考虑投资方案整个计算期内的现金流量，即只考虑回收之前的效果，不能反映投资回收之后的情况，即无法准确衡量方案在整个计算期内的经济效果【2018 年考过】。投资回收期只能作为辅助评价指标，或与其他评价方法结合应用

考点 23　净现值（NPV）与净年值（NAV）

（题干）已知某项目的净现金流量见下表。若 $i=8\%$，则该项目的净现值为（D）万元。

计算期/年	0	1	2	3	4	5
净现金流量/万元	—	−300	−200	200	600	600

A. 900　　　　B. 508.14　　　　C. 536.67　　　　D. 558.89

 【考点细说与习题汇编】

1. 净现值的计算公式为：$NPV = \sum_{t=0}^{n} (CI - CO)_t (1 + i_c)^{-t}$，套用公式，

项目的净现值 $= -300$ 万元 $\times \dfrac{1}{1+8\%} - 200$ 万元 $\times \dfrac{1}{(1+8\%)^2} + 200$ 万元 $\times \dfrac{1}{(1+8\%)^3} +$

600 万元 $\times \dfrac{1}{(1+8\%)^4} + 600$ 万元 $\times \dfrac{1}{(1+8\%)^5}$

$= 558.89$ 万元

下面了解一下 BC 选项是如何计算的，其中：

选项 B 是这样计算的：项目的净现值 $= -300$ 万元 $- 200$ 万元 $+ 200$ 万元 $\times \dfrac{1}{(1+8\%)^3} +$

600 万元 $\times \dfrac{1}{(1+8\%)^4} + 600$ 万元 $\times \dfrac{1}{(1+8\%)^5}$

$= 508.14$ 万元

选项 C 是这样计算的：

项目的净现值 $= -300$ 万元 $- 200$ 万元 $\times \dfrac{1}{(1+8\%)^2} + 200$ 万元 $\times \dfrac{1}{(1+8\%)^3} +$

600 万元 $\times \dfrac{1}{(1+8\%)^4} + 600$ 万元 $\times \dfrac{1}{(1+8\%)^5}$

$= 536.67$ 万元

2. 关于该考点还需要掌握净现值的优点和不足见下表：

优点	净现值指标考虑了资金的时间价值，并全面考虑了项目在整个计算期内的经济状况；经济意义明确直观，能够直接以货币额表示项目的超额盈利水平，判断直观
不足	净现值指标的计算必须首先确定一个符合经济现实的基准收益率，而基准收益率的确定往往是比较困难的

3. NAV 是基于按年动态平均视角的年均超额收益。NAV 与 NPV 的关系如下：

$$NAV = NPV \times (A/P, i_c, n) = NPV \times \dfrac{i_c(1 + i_c)^n}{(1 + i_c)^n - 1}$$

考点 24　内部收益率（*IRR*）

（题干）某常规投资项目，当折现率为 8% 时，净现值为 320 万元；当折现率为 10% 时，

净现值为−160万元，已知该行业财务基准收益率 i_s 为12%，关于该项目内部收益率 IRR 的说法，正确的是（B）。【2018年考过】

    A. 可推断 $IRR > i_s$，说明项目可行

    B. 可推断 $IRR < i_s$，说明项目不可行

    C. 无法推断 IRR 大小，是否可行需要进一步判断

    D. IRR 的大小自主决定

 【考点细说与习题汇编】

1. 可用线性内插法求出 IRR 的近似值，其公式为：

$$IRR = i_1 + \frac{NPV_1}{NPV_1 + |NPV_2|}(i_2 - i_1)$$

式中 NPV_1——较低折现率 i_1 时的净现值（正）；

        NPV_2——较高折现率 i_2 时的净现值（负）；

        i_1——较低折现率，使净现值为正值，但其接近于零；

        i_2——较高折现率，使净现值为负值，但其接近于零。

2. 本题的解题思路是：首先计算内部收益率（IRR），然后根据判别准则判断项目是否可行，内部收益率（IRR）$= 8\% + \frac{320万元}{320万元 + |-160|万元} \times (10\% - 8\%) = 9.33\% <$财务基准收益率 i_s，该项目不可行。

3. 线性内插法求 IRR 的近似值，在考试时会考查计算题，下面看下2014年是怎么考的：

当折现率分别取12%、14%和16%时，某项目对应的净现值为221.45万元、81.75万元和−30.15万元。则该项目的内部收益率为（C）。【2014年考过】

    A. 13.46%   B. 15.17%   C. 15.46%   D. 15.52%

【分析】直接套用公式计算，项目的内部收益率 $= 14\% + (16\% - 14\%) \times \frac{81.75万元}{81.75万元 + |-30.15|万元} = 15.46\%$。

下面了解一下AD选项是怎么计算的：

选项A：项目的内部收益率 $= 12\% + \frac{221.45万元}{(221.45 + 81.75)万元} \times (14\% - 12\%) = 13.46\%$。

选项D：项目的内部收益率 $= 12\% + \frac{221.45万元}{221.45万元 + |-30.15|万元} \times (16\% - 12\%) = 15.52\%$。

4. 关于该考点还需要掌握以下知识点：

（1）对投资项目而言，内部收益率就是<u>净现值为零时的收折现率</u>。

（2）随着折现率的逐渐增大，<u>净现值将由大变小</u>。

（3）内部收益率（IRR）的评价准则：

① 当 $IRR \geq i_c$ 时，说明该方案在满足基准收益率要求的盈利之外，还能得到超额收益，

故该方案可行；

② 当 $IRR<i_c$ 时，说明该方案不能满足基准收益率要求的盈利水平，故该方案不可行。

（4）内部收益率指标考虑了资金的时间价值以及整个计算期内的经济状况；能直接衡量项目未收回投资的收益率；<u>不需要事先确定一个基准收益率</u>。

（5）内部收益率<u>仅适用于常规现金流量项目，且要求项目的现金流入、现金流出均可用货币计量</u>。

5. 常规投资项目的净现值函数曲线：

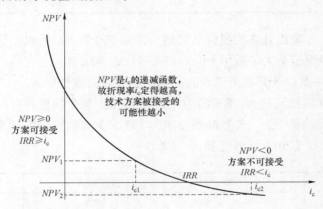

考点 25　方案组合比选法

（题干）某企业现有甲、乙、丙三个独立的投资方案，当财务基准收益率为 10% 时，各方案的基本信息见下表。现在企业可用于投资的金额为 700 万元，如果采用净现值法，则相对较优的选择是（B）。【2013 年考过】

方案	初始投资/万元	每期净收益/万元	计算期/期	净现值
甲	200	70	5	65.36
乙	250	80	5	53.26
丙	350	110	5	66.99

［注：$(P/A, 10\%, 5)=3.7908$；$(A/P, 10\%, 5)=0.2638$］

A. 甲方案+乙方案　　　　　　　　　B. 甲方案+丙方案

C. 乙方案+丙方案　　　　　　　　　D. 甲方案+乙方案+丙方案

 【考点细说与习题汇编】

1. 首先建立所有互斥的方案组合，各组合方案的投资、年净收益及净现值见下表。

组合号	方案	初始投资/万元	每期净收益/万元	净现值
1	甲	200	70	65.36

续表

组合号	方案	初始投资/万元	每期净收益/万元	净现值
2	乙	250	80	53.26
3	丙	350	110	66.99
4	甲+乙	450	150	118.62
5	甲+丙	550	180	132.35
6	乙+丙	600	190	120.25
7	甲+乙+丙	800	260	185.61

根据上表可知，方案组合7的投资总额超出限额700万元，所以不予考虑。第5个方案组合（甲+丙）的净现值最大，故甲+丙为相对最优方案组合。

2. 关于该考点主要以计算题来考查的，可能会考查的题型如下：

某企业现有计算期相同的 A、B 两个项目可以投资，每个项目各有两个备选方案，每个方案的投资额和净现值见下表。若基准收益率为 10%，企业的资金限额为 500 万元，则应选择的项目组合是（C）。【2011 年考过】

项目	方案	投资额/万元	净现值/万元
A	A_1	320	60
	A_2	360	75
B	B_1	140	25
	B_2	180	35

A. A_1 和 B_1　　　　B. A_1 和 B_2　　　　C. A_2 和 B_1　　　　D. A_2 和 B_2

【分析】受资金 500 万元的限制，可供选择的项目组合包括：A_1 和 B_1、A_1 和 B_2、A_2 和 B_1，因此选项 D 是错误的。A_1 和 B_1 组合的净现值＝（60+25）万元＝85 万元，A_2 和 B_1 组合的净现值＝（75+25）万元＝100 万元，A_2 和 B_2 组合的净现值＝（75+35）万元＝110 万元，但其资金限额为 500 万元，A_2 和 B_2 组合投资额为 550 万元。故应选择的项目组合是 A_2 和 B_1。

考点 26　评价指标直接对比法

（题干）有甲、乙、丙三个独立项目，寿命期相同，初始投资额、年净收益、净现值见下表，已知行业财务基准收益率为 10%，投资人的资金限制为 1000 万元，用净现值法选择的项目是（B）。【2018 年考过】

项目	甲	乙	丙
初始投资额/万元	300	400	500
年净收益/万元	50	70	100
净现值/万元	30.58	40.87	60.45

A. 甲和乙　　　　B. 乙和丙　　　　C. 甲和丙　　　　D. 甲、乙和丙

【考点细说与习题汇编】

1. 解答本题的思路是：根据各方案经济费用效益流量表或现金流量表计算结果，比较各方案的净现值，首先剔出净现值小于零的方案，然后对所有的方案，比较其净现值，以净现值大的方案为优。本题中净现值均大于零，没有需要剔出的方案。接下来判断各备选项正确与否，根据"投资人的资金限制为 1000 万元"这个条件，可以排除选项 D 是错误的。选项 A 净现值：（30.58＋40.87）万元＝71.45 万元；选项 B 净现值：（40.87＋60.45）万元＝101.32 万元；选项 C 净现值：（30.58＋60.45）万元＝91.03 万元。所以 B 选项正确。

2. 互斥方案比选可以采用方案评价指标直接对比和增量指标分析两种方法。评价指标直接对比法所能使用的指标只有净现值、费用现值、净年值、费用年值、年折算费用和年综合费用等价值型指标。

3. 对效益相同或效益基本相同但难以具体估算的方案进行比选时，可采用费用现值指标和费用年值指标。

4. 年折算费用是指将投资方案的投资额用基准投资回收期分摊到各年，再与年经营成本相加的费用之和。计算公式为：

$$Z_j = \frac{I_j}{P_c} + C_j$$

式中　Z_j——第 j 个方案的年折算费用；

　　I_j——第 j 个方案的总投资；

　　P_c——基准投资回收期；

　　C_j——第 j 个方案的年经营成本。

年折算费用最小的方案为最优方案。

5. 综合总费用法是指方案的投资与基准投资回收期内年经营成本的总和。计算公式为：

$$S_j = I_j + P_c \times C_j$$

式中，S_j 是第 j 方案的综合总费用，其他符号同前。

方案的综合总费用实际是基准投资回收期内年折算费用的总和。综合总费用最小的方案是最优方案。

评价指标直接对比法所选用的指标只能是价值型指标。

6. 关于该考点在历年考试中主要以计算题来考查的，现将考试中出现的题目整理如下：

（1）某项目有四个备选方案，各方案计算期相同，已知行业财务基准收益率为 8%，各方案的数据见下表：

项目/方案	甲	乙	丙	丁
投资回收期/年	10	8	9	10
净现值/万元	360	200	－100	300
净现值率	1.26	1.16	－1.1	1.31

则最优方案是（A）方案。【2018年考过】

A. 甲   B. 乙   C. 丙   D. 丁

【分析】首先排除净现值为负的方案，排除丙方案。计算期相等，选择净现值最大的方案，即甲方案，在可行性研究过程中某个阶段所发生的具体方案比较，往往并无资金限制条件，这时可以采用净现值作为比较的指标。相反，往往是在限定的资金限额内，采用净现值率指标。选择净现值率最大（前提为 $NPV \geqslant 0$）的方案为优选方案。

（2）某市政道路项目，有两个备选方案，效果相同。甲方案投资1150万元，年维护费用100万元，寿命期15年；乙方案投资860万元，年维护费用180万元，寿命期12年，则该项目方案比选最适宜的方法是（A）。【2018年考过】

A. 费用年值法   B. 净现值率法

C. 效益/费用比较法   D. 内部收益率比较法

【分析】考生有可能会被题干中这些条件误导，想着怎么计算，题干中寿命期这个条件就能够解答本题了，其他条件都是迷惑项。

答题技巧：对于有些计算题，在考试时可以先不用着急计算，首先我们可以根据题干条件进行排除明显的错误，然后再选择适合的计算方法进行计算。

（3）甲、乙、丙、丁四个方案为互斥方案，其现金流量见下表，折现率取12%。若方案分析采用净年值法，则较优的方案是（B）。【2013年考过】

方案	初始投资/万元	计算期/年	每年效益/万元	净年值/万元
甲	1000	6	200	−43.23
乙	1000	8	260	58.70
丙	2000	12	350	
丁	2000	15	300	

[注：$(P/A, 12\%, 12) = 6.1944$；$(P/A, 12\%, 15) = 6.8109$；

$(A/P, 12\%, 12) = 0.16144$；$(A/P, 12\%, 15) = 0.14682$]

A. 甲   B. 乙   C. 丙   D. 丁

【分析】净年值法的判别准则为：净年值大于或等于零且净年值最大的方案为相对最优方案。

净年值法的判别准则为：净年值大于或等于零且净年值最大的方案为相对最优方案。

$NAV_丙 = [-2000(A/P, 12\%, 12) + 350]$ 万元 $= (-2000 \times 0.16144 + 350)$ 万元 $= 27.12$ 万元

$NAV_丁 = [-2000(A/P, 12\%, 15) + 300]$ 万元 $= (-2000 \times 0.14682 + 300)$ 万元 $= 6.36$ 万元

根据计算结果可知：$NAV_乙 > NAV_丙 > NAV_丁 > NAV_甲$，所以较优的方案为乙方案。

下面这种算法就是错误的。

$NAV_丙 = [-2000 + 350(P/A, 12\%, 12)]$ 万元 $= (-2000 + 350 \times 6.1944)$ 万元 $= 169.98$

万元

$NAV_丁 = [-2000+300 (P/A，12%，15)]$ 万元 $= (-2000+300×6.810\,9)$ 万元 $=43.3$ 万元

根据计算结果可知：$NAV_丙 > NAV_乙 > NAV_丁 > NAV_甲$，所以较优的方案为丙方案。

（4）已知某项目有 A、B、C、D 四个计算期相同的互斥型方案，投资额 A＜B＜C＜D，A 方案的内部收益率为 15%，B 方案与 A 方案的差额投资内部收益率是 12%，C 方案与 A 方案的差额投资内部收益率 9%，D 方案的内部收益率为 8%。若基准收益率为 10%，没有资金约束，则四个方案中最优的方案是（B）。【2011 年考过】

A. A 方案　　　　　B. B 方案　　　　　C. C 方案　　　　　D. D 方案

【分析】由于 B 方案与 A 方案的差额投资内部收益率是 12%，大于基准收益率 10%，则说明 B 方案优于 A 方案。由于 C 方案与 A 方案的差额投资内部收益率 9%，小于基准收益率 10%，则说明 A 方案优于 C 方案。D 方案的内部收益率 8%，说明 D 方案不可行。那么，最优的方案是 B 方案。

（5）某企业拟新建一项目，有两个备选方案均可行。甲方案投资 5000 万元，计算期 15 年，净现值为 200 万元；乙方案投资 8000 万元，计算期 20 年，净现值为 300 万元。则关于两方案比选的说法，正确的是（A）。

A. 甲乙方案必须构造一个相同的分析期限才能比选

B. 甲方案投资少于乙方案，净现值大于零，故甲方案较优

C. 乙方案净现值大于甲方案，且都大于零，故乙方案较优

D. 甲方案计算期短，说明甲方案的投资回收速度快于乙方案

E. 乙方案净现值大，说明乙方案在项目运营期间盈利 300 万元

【分析】净现值必须慎重考虑互斥方案的寿命，如果互斥方案寿命不等，必须构造一个相同的分析期限，才能进行各个方案之间的比选；净现值也不能真正反映投资方案投资中单位投资的使用效率；不能直接说明在投资方案运营期间各年的经营成果；没有给出该投资过程确切的收益大小，不能反映投资的回收速度。

看过这些题目后，相信考生应该很清楚地知道这部分内容的重要性，也可以来判断今年是不是会考，会怎么考？经过这样的强化后，相信考生可以轻松掌握这部分知识点。

考点 27　增量指标分析法

（题干）某项目有甲、乙、丙、丁 4 个可行方案，投资额和年经营成本见下表。若基准收益率为 10%，采用增量投资收益率比选，最优方案为（D）方案。

方案	甲	乙	丙	丁
投资额/万元	800	800	900	1000
年经营成本/万元	100	110	100	70

A. 甲　　　　　B. 乙　　　　　C. 丙　　　　　D. 丁

【考点细说与习题汇编】

1. 因为甲方案与乙方案的投资额相等，而甲方案年经营成本少于乙方案，所以甲方案优于乙方案。甲方案与丙方案比较，（100－100）/（900－800）×100%＝0＜10%，所以投资额较小的甲方案较优。甲方案与丁方案比较，（100－70）/（1000－800）×100%＝15%＞10%，所以投资额较大的丁方案较优。综上所述，丁方案最优。

2. "增量"指的是投资额较大的方案相对投资额较小的方案的。

3. 采用增量指标分析法的基本计算步骤为：

（1）将方案按照投资额从小到大的顺序排列。

（2）确定基础方案，即满足指标评判准则要求的投资额较小的方案，即临时最优方案，作为整个方案序列计算的基础。

（3）计算相邻两个方案的增量现金流量的评价指标，若满足评判准则的要求，则投资较大的方案优于投资较小的方案；若不满足，则投资较小的方案优于投资较大的方案，投资较大的方案被淘汰；以确定的较优方案为基础方案，重复计算步骤，直至所有方案都计算完毕。

（4）最后通过筛选的方案即为最优方案。

4. 对于只有投资和费用支出，而收益相同的或基本相同但难以估算的方案，可以采用增量费用现值、增量费用年值、增量年折算费用等价值型指标，也可以使用增量投资收益率、增量投资回收期等指标。

5. 关于该考点主要以计算题来考查的，看下面这道题：

两个方案的计算期相同，方案 1 投资为 10 000 万元，年经营成本为 4000 万元，方案 2 投资为 8000 万元，年经营成本为 5000 万元。两个方案同时投入使用，效益相同，若基准投资收益率为 20%，基准投资回收期为 3 年。采用增量投资回收期法比选，最优方案为（1）方案。

A. 方案 1　　　　　　　　　　　　　B. 方案 2

【分析】计算两个方案的增量投资回收期：$\Delta P_{t,2-1}=\dfrac{10\,000-8000}{5000-4000}$ 年＝2年＜3年，因此方案 1 为优选方案。

6. 增量投资收益率、增量投资回收期的计算与评价用表格总结如下：

指标	计 算	评 价
增量投资 收益率	增量投资收益率是指增量投资所带来的经营成本的节约额与增量投资之比。计算公式为： $$\Delta R_{2-1}=\frac{C_1-C_2}{I_1-I_2}\times100\%$$ 式中　ΔR_{2-1}——增量投资收益率； 　　　I_1——投资额小的方案（设为方案 1）的投资额； 　　　I_2——投资额大的方案（设为方案 2）的投资额； 　　　C_1——方案 1 的经营成本； 　　　C_2——方案 2 的经营成本	若基准投资收益率为 R_c，R_{2-1} ≥R_c，方案 2 优于方案 1，反之，方案 1 优于方案 2

指标	计　算	评　价
增量投资回收期	适用于只有投资和费用支出，而收益相同或基本相同，但难以估算的方案的增量投资回收期指标的计算公式为： $$\Delta P_{t,2-1} = \frac{I_2 - I_1}{C_1 - C_2}$$ 式中　$\Delta P_{t,2-1}$——增量投资回收期	计算出来的增量投资回收期应与基准投资回收期进行比较，若增量投资回收期小于基准投资回收期，则投资大的方案较优；反之，投资小的方案较优

第八章 资源及环境可持续性评价

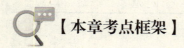【本章考点框架】

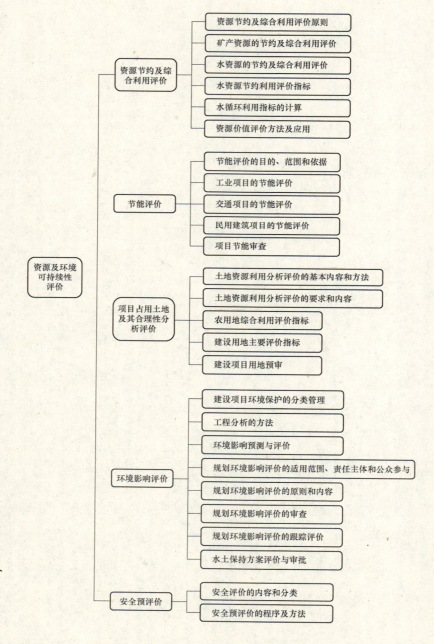

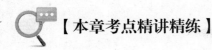 **【本章考点精讲精练】**

考点1　资源节约及综合利用评价原则

（题干）以税收和行政等手段，限制以不可再生资源为原料的一次性产品的生产与消费，体现了资源节约及综合利用评价原则中的（F）。

- A. 大系统分析的原则
- B. 生态成本总量控制的原则
- C. 资源循环经济的 3R 原则
- D. 尽可能利用可再生资源原则
- E. 尽可能利用高科技原则
- F. 建立绿色消费制度的原则

 【考点细说与习题汇编】

1. 基于上述选项，命题时还可能会考核的题目有：

（1）利用地表水替代深层地下水，体现了资源节约及综合利用评价原则中的（D）。

（2）利用互联网替代大量相应物质产品的生产，以"信息化带动工业化"，体现了资源节约及综合利用评价原则中的（E）。

（3）资源节约及综合利用评价原则包括（ABCDEF）。

2. 在这里只给大家列出了三个原则的题目，其他原则的细节内容在考试中考查的概率很小。

3. 选项 C 中"3R"是指实施资源利用的减量化、产品的再使用、废弃物的再循环。

考点2　矿产资源的节约及综合利用评价

（题干）关于矿产资源节约及综合利用评价的说法，正确的有（ABCDEFGH）。

A. 分析项目开发方案是否合理地开发利用了主金属矿产资源

B. 分析项目开发方案是否对伴、共生有价金属按元素的种类进行了合理的综合回收利用

C. 采矿废石和选矿尾矿，其综合利用主要用于生产建筑材料和井下充填料

D. 在技术可行、经济合理以及减少污染的前提下，分析评价开发方案是否合理利用了生产过程中产生的固体废弃物

E. 对于油气田开发项目，油气资源综合利用的重点在于采用先进的开采工艺

F. 油气田开发项目评价指标包括不同开发阶段油气田原油、天然气最终采收率

G. 对于输油、输气管道项目，油气资源综合利用的重点在于尽量经济合理地降低输送过程中的自用及损耗油气量

H. 对于石油储存设施项目，油气资源综合利用的重点在于回收储存过程中排放的烃类物质，同时经济合理地降低自用油气量

【考点细说与习题汇编】

1. 油气田开发项目，输油、输气管道项目，石油储存设施项目油气资源综合利用的重点有可能考查单项选择题。

2. 注意区分油气资源开发项目资源综合利用评价指标。

油气田开发项目评价指标	输油、输气管道项目评价指标	石油储存设施项目评价指标
（1）不同开发阶段油气田原油。 （2）天然气最终采收率	单位输油、输气量下的油气综合利用指标	（1）液化天然气接收终端气化过程中油气综合利用指标。 （2）石油储存设施油气回收及利用率。 （3）装（卸）车过程中排放轻娃回收及利用率

考点 3　水资源的节约及综合利用评价

（题干）下列水资源分析的内容中，属于项目取水合理性分析的有（ABCDEF）。

A. 分析当地水资源条件是否符合国家的产业政策

B. 建设项目所属行业、产品、规模、工艺、技术分析是否符合国家的产业政策

C. 水量分配方案与批准方案的符合性分析【2018 年考过】

D. 地下水禁采区、限采区的符合性分析

E. 当地居民基本生活、生产用水分析

F. 是否满足河道内最小生态需水量

G. 取水、用水、耗水及退水情况分析

H. 非正常工况和风险事故的可能性分析

I. 项目区在所在水资源分区的自然概况分析

J. 主要水文要素降水、径流和蒸发的时空变化特征分析

K. 项目区和所在水资源分区内的降水总量、年径流量分析

L. 水资源丰枯变化的情况说明【2018 年考过】

M. 地表水可利用量情况

N. 项目区所在水资源分区内的地下水资源量分析

O. 地下水资源开采量分析【2018 年考过】

P. 由地表水资源量，地下水资源量，以及扣除地表水和地下水的重复量计算的水资源总量分析

Q. 水质分类和水污染现状评价【2018 年考过】

 【考点细说与习题汇编】

1. 基于上述选项，命题时还可能会考核的题目有：

（1）下列水资源分析的内容中，属于项目用水合理性分析的有（GH）。

（2）下列水资源分析的内容中，属于水资源基础评价内容的有（IJKLMNOPQ）。

2. 关于该考点，还需要了解农业节水、工业节水、城市生活节水的内容：

农业节水	农业用水优化配置技术、高效输配水技术、田间节水灌溉技术、生物节水与农艺节水技术、降水和回归水利用技术、非常规水资源化技术、养殖业节水技术
工业节水	工业用水的重复利用，冷却节水，热力和工艺统节水，洗涤节水，工业给水和废水处理节水，非常规水资源的利用，工业输用水管网、设备防漏和快速堵漏修复
城市生活节水	节水型器具，城市再生水利用，城区雨水、海水、苦咸水利用，城市供水管网的检漏和防渗，公共供水企业自用水的节水，公共建筑的节水，市政环境的节水，城市节水信息技术应用

考点4　水资源节约利用评价指标

（题干）下列水资源节约利用评价指标，属于<u>水资源利用评价指标</u>的有（ABC）。

A. 可利用量

B. 开发利用程度

C. 人均用水量

D. 灌溉水利用系数

E. 万元工业增加值用水量

F. 单方水 GDP 产出量

G. 单方水粮食产量

H. 生态用水占水资源量比率

I. 污染入河量占纳污能力比率

J. 污水处理率

K. 污水重复利用率

L. 单位产品耗水量

M. 新水利用系数

【考点细说与习题汇编】

1. 基于上述选项，命题时还可能会考核的题目有：

（1）下列水资源节约利用评价指标，属于<u>用水效率与效益指标</u>的有（DEFG）。

（2）下列水资源节约利用评价指标，属于<u>水生态与环境评价指标</u>的有（HIJ）。

（3）下列水资源节约利用评价指标，属于<u>水循环利用评价指标</u>的有（KLM）。

2. 该考点在考试时，还会考查判断正确与错误说法的题目，现将可能会考查的知识点总结如下：

（1）水资源可利用量采取地表水资源可利用量与浅层地下水资源可开采量相加再扣除地表水资源可利用量与地下水资源可开采量两者之间重复计算量的方法。

（2）<u>我国水资源开发利用程度为水资源消耗量占可利用水资源量的比率。</u>

（3）人均用水量是表征区域人均总体用水水平的指标。

（4）<u>灌溉水利用系数是指一定时期内灌区实际灌溉面积上有效利用的水量（不包括深层渗漏和田间流失）与渠首进水总量的比值。</u>

（5）灌溉水利用系数可采用田间用水量占取水口取水量的比值来表征。

（6）大型灌区，灌溉水利用系数不应低于 0.50。

（7）中型灌区，灌溉水利用系数不应低于 0.60。

（8）小型灌区，灌溉水利用系数不应低于 0.70。

（9）井灌区，灌溉水利用系数不应低于 0.80。

（10）喷灌区、微喷灌区，灌溉水利用系数不应低于 0.85。

（11）滴灌区，灌溉水利用系数不应低于 0.90。

（12）万元工业增加值用水量一定时期内一定区域的工业总用水量与工业总增加值的比值。

（13）项目所在地万元工业增加值用水量应随着在建项目的投产而降低。【2018 年考过】

（14）单方水 GDP 产出量是表征地区用水投入产出效益的综合指标。

（15）我国平均单方灌溉水粮食产量约为 1kg。

（16）世界上先进水平的国家平均单方灌溉水粮食产量达到 2.5～3kg。

（17）生态用水占水资源量比率不低于当地生态系统生态需水量占水资源量的最低比率。

（18）水生态与环境评价指标包括污染入河量占纳污能力比率。

（19）污水处理率是经污水处理厂集中处理的废污水量占废污水排放总量的比率。

3. 还需要了解下面几个公式：

（1）人均用水量＝总用水量/总人口

（2）用水模数＝总用水量/用水总面积

（3）城镇人均用水量＝城镇用水量/城镇人口

（4）农村人均用水量＝农村用水量/农村人口

（5）人均耗水量＝总耗水量/总人口

考点 5　水循环利用指标的计算

（题干）某项目产品产量为 1000t/h，总用水量为 100m³/h，重复利用水量为 80m³/h，则水的重复利用率和单位产品耗水量分别为（D）。【2014 年考过】

A. 20%、0.1m³/t 　　　　　　　　　B. 20%、0.02m³/t

C. 80%、0.1m³/t 　　　　　　　　　D. 80%、0.02m³/t

 【考点细说与习题汇编】

1. 该考点在考试时一般会考查节水指标计算的题目，考查的公式有：

（1）重复利用率，在一定的计量时间内，生产过程中使用的重复利用水量与总用水量之比，按下式计算：

$$重复利用率 = \frac{重复利用水量}{生产过程中总用水量} = \frac{重复利用水量}{重复利用水量 + 生产过程中取用的新水量}$$

（2）单位产品耗水量，按下式计算：

$$单位产品耗水量 = \frac{年生产用新水总和}{年产品总量}$$

（3）新水利用系数，一定的计量时间内，生产过程中使用的新水量与外排水量之差同新水量之比，按下式计算：

$$新水利用系数=\frac{生产过程中取用的新水量-生产过程中外排水量}{生产过程中取用的新水量}$$

2. 本题直接套用公式即可。

$$水的重复利用率=\frac{80m^3/h}{100m^3/h}\times100\%=80\%$$

$$单位产品耗水量=\frac{100m^3/h-80m^3/h}{1000t/h}=0.02m^3/t$$

下面分析一下错误选项是怎么计算的：

备选项中 20% 是这样计算得来的：$\frac{(100-80)m^3/h}{100m^3/h}\times100\%=20\%$

选项中 0.1 是这样计算得来的：$\frac{100m^3/h}{1000t/h}=0.1m^3/t$

3. 下面用两道题巩固一下：

（1）某建设项目总用水量为 10 000m³/h，新水量为 4000m³/h，外排高含盐水量为 25m³/h，则该项目的新水利用系数为（B）。

A. 99.75%　　　B. 99.38%　　　C. 60%　　　D. 40%

（2）某建设项目产品产量为 800t/h，总用水量为 100m³/h，重复利用水量为 70m³/h，则单位产品耗水量为（A）。

A. 0.04m³/t　　　B. 0.09m³/t　　　C. 0.12m³/t　　　D. 0.21m³/t

考点6　资源价值评价方法及应用

（题干）自然资源定价的方法较多，主要有（ABCDEF）。

A. 现值法　　　　　　　　B. 净价值法
C. 再生产补偿费用法　　　D. 费用效益法
E. 市场价值法　　　　　　F. 社会价值法

 【考点细说与习题汇编】

1. 资源定价方法应该以资源费用效益法、资源市场价值法和社会价值法为主要方法。资源市场价值定价法主要有资源的重置成本法、机会成本法、替代成本法、虚拟市场法。

2. 自然资源核算的内容，包括自然资源实物量核算和自然资源价值量核算两部分。自然资源价值核算，既可用账户方法，也可用费用效益法。采用费用效益法时，费用的含义包括物质资本、人力资本、自然（资源）资本和环境资本；而效益不仅包括经济效益，也应包括资源节约效益和环境改善效益。

3. 影响资源定价方法选择的因素：资源存量及其空间分布；资源流量及其时间价值；

资源市场及资源供求关系；资源的国际贸易；资源价格政策与法规。

考点 7 节能评价的目的、范围和依据

（题干）关于项目节能评价的说法，正确的有（ABCDEFG）。

A. 固定资产投资项目的可行性研究报告或项目申请书必须包括节能分析篇章，进行节能评价

B. 节能评价是<u>从源头上杜绝能源浪费，提高能源利用效率，加强能源消费总量管理，</u>落实节约资源基本国策，建设节约型社会的一项重要措施【2018 年考过】

C. 应按照促进循环经济发展的原则开展节能评价

D. 在节能评价工作中，应遵守国家规定并与国内外先进水平进行对比的原则

E. 为实现建设项目的全面系统节能，应涵盖<u>建设期、运营期的项目周期全过程</u>进行节能评价

F. 在项目节能评价中，应采用<u>宏观微观相结合、定性定量相结合</u>的评价原则

G. 国家、地方、行业法律法规、标准及相关规定都可作为节能评价的依据

 【考点细说与习题汇编】

1. 选项 B 在考试时还可能作为一句话考点，以单项选择题形式考查节能评价的目的。

2. 选项 CDEFG 是投资项目节能评价的原则，以后如果考查的话，还有可能考查多项选择题。

考点 8 工业项目的节能评价

（题干）下列评价内容中，属于工业项目节能方案及措施分析评价的说法，正确的有（ABCDEFGHI）。

A. 分析评价项目是否符合产业结构调整方向

B. 分析评价项目能源开发和使用结构是否合理、优化

C. 分析评价项目能源转换是否必要，是否高效合理

D. 分析评价项目是否采用了国家鼓励支持利用的新能源和可再生能源

E. 分析评价项目是否采用先进节能的工艺技术装备和材料

F. 分析评价项目工艺流程是否采用现代化、大型化、连续化、自动化的先进节能工艺装备淘汰落后工艺装备

G. 分析评价项目工艺流程是否采用了先进的用能监测和控制技术

H. 分析评价项目是否禁止使用国家明令淘汰的用能设备和生产工艺

I. 分析评价项目是否应用循环经济理念，实现资源能源的减量化和循环利用

J. 分析评价项目的能耗水平和指标是否符合有关标准规范的要求

K. 分析评价项目能耗水平是否先进

L. 量化分析工业项目节能效果

【考点细说与习题汇编】

工业项目的节能评价包括工业项目节能方案及措施分析评价、工业投资项目能耗水平分析评价、工业投资项目节能效果分析评价、工业投资项目节能优化建议。本题中，选项 JK 属于工业投资项目能耗水平分析评价；选项 L 属于工业投资项目节能效果分析评价。

考点9　交通项目的节能评价

（题干）交通运输投资项目节能评价适用于铁路、公路、水运、民航等交通运输业投资项目。公路投资项目节能评价内容包括（ABCD）。

A. 评价建设标准是否满足国家规定的对车辆行驶耗能指标的要求

B. 评价项目设计中采用的布线方案及线性指标是否合适

C. 评价用能设备是否采用了节能的设计方案

D. 评价运营期耗能及道路维修等的节能管理措施是否合理可行

E. 分析项目主要能耗点的分布及数量、能耗构成及能量平衡、能源消耗、节能措施

F. 评价水资源节约和循环利用方案是否符合节能要求

G. 评价新能源和可再生能源应用方案是否符合节能要求

【考点细说与习题汇编】

1. 基于上述选项，命题时还可能会考核的题目有：

铁路投资项目节能评价内容包括（EFG）。

2. 公路与铁路投资项目节能评价要求会相互作为干扰选项出现，关于水运投资项目与民航投资项目节能评价要求主要掌握以下知识地点：

水运投资项目节能评价要求	民航投资项目节能评价要求
（1）评价中应考虑能源结构、能源品种，耗能系统的分析是否全面。 （2）评价利用及装卸机械等主要耗能设备的选型是否合理。 （3）评价主要工艺流程是否优化、是否采用了现代化、大型化、连续化、自动化的先进节能工艺装备和节能的新技术、新工艺。 （4）评价电力变压器、电网谐波，辅助生产建筑是否采用了节能设计。 （5）评价电力变压器、电网谐波，辅助生产建筑是否有计算机系统管理节能的内容，是否采用了高效节能的空调、照明器具等设备。 （6）评价是否采用了先进的用能监测和控制技术。 （7）评价节能措施是否合理可行	（1）在机场选址、总平面规划中是否优先采用能耗低的设计方案。 （2）航站楼等建筑设计在布局及材料上是否考虑了节能的要求。 （3）评价制冷、制热等设施是否采用了低能耗、高能效的材料和设施设备。 （4）评价机场的电力系统、照明、空调系统、行李传送设备等是否采用了节电的设计方案和装置。 （5）在空管体系中，是否采用了优化航路、缩短飞行时间的新技术和新程序

3. 交通运输投资项目节能措施了解即可。

考点10　民用建筑项目的节能评价

（题干）关于公共建筑暖通空调、电梯、照明、泵房等电器、设备系统能耗水平分析评

价的说法，正确的有（ABCDEFG）。

A. 空调系统新风量标准的确定原则是既要满足<u>室内人体的卫生需要</u>，也要<u>避免无依据的加大新风量标准</u>【2018年考过】

B. 投资项目应说明暖通空调系统所采用的分室或分区环境温湿度调节、控制措施以提高采暖质量和空调质量

C. 设置集中供暖、集中空调系统的公共建筑，应尽可能地减少空调冷热水的输送能耗

D. 建筑内的<u>高大空间，宜采用置换通风、分层空调等系统方式</u>

E. 投资项目应说明是否采用了热回收系统

F. 公共建筑项目选择市政电力资源时，配电系统应对<u>配电网进行无功补偿</u>【2018年考过】

G. 大中型电气设备应<u>选择节电型产品</u>，减少开启次数【2018年考过】

H. 合理选定变配电中心，设置在负荷集中处

I. 具备采用自然通风的条件，减少空调系统的运行

J. 不得采用电锅炉作为集中空调和集中采暖的热源

 【考点细说与习题汇编】

1. 基于上述选项，命题时还可能会考核的题目有：

关于住宅建筑暖通空调、电梯、照明、泵房等电器、设备系统能耗水平分析评价的说法，正确的有（HIJ）。

2. 选项A可能设置的干扰选项是：公共建筑空调系统新风量标准的确定原则是最大限度满足室内人体舒适度的要求。

3. 了解电气、设备系统，可再生能源利用系统节能优化。下面将可能会考查的知识点整理如下：

（1）公共建筑的内区过热，在室外温度适宜时，应优先利用室外空气的通风消除。

（2）酒店、餐饮、医院等生活热水耗量较大的场所，在经济技术合理时，宜采用风冷冷凝器热回收型冷水机组或其他节能方式。

（3）建筑物（群）应尽可能使用太阳能。

（4）建筑物（群）在有技术保证的前提下可使用地下水地源热泵热源井方案，用于调节室内温湿度等。重点是<u>必须采用可靠的措施，防止回灌水的污染</u>。

考点11 项目节能审查

（题干）关于项目节能审查的说法，正确的有（ABCDEFG）。

A. 企业投资项目，建设单位需在开工建设前取得节能审查机关出具的节能审查意见

B. 国家发展改革委审批的政府投资项目，建设单位在报送项目可行性研究报告前，需取得省级节能审查机关出具的节能审查意见

C. 国家发展改革委核报国务院审批的政府投资项目，建设单位在报送项目可行性研究

报告前，需取得省级节能审查机关出具的节能审查意见

D. 项目节能审查包括节能措施是否合理可行

E. 建设单位应编制固定资产投资项目节能报告

F. 项目节能审查包括项目的能源消费量和能效水平是否满足本地区能源消耗总量和强度"双控"管理要求

G. 节能审查意见自印发之日起 2 年内有效

 【考点细说与习题汇编】

该考点内容较少，一般会以判断正确与错误说法的综合题目出现。

考点 12　土地资源利用分析评价的基本内容和方法

（题干）分析评价建设用地项目是否应用构建节约型社会理念，实现资源能源的节约和循环利用，是否采用了低耗节能技术和措施，属于（A）。

A. 建设用地综合利用方案及措施分析评价

B. 建设用地项目环境效益分析评价

C. 建设用地项目综合利用效果分析评价

D. 建设用地项目资源优化配置建议

 【考点细说与习题汇编】

1. 基于上述选项，命题时还可能会考核的题目有：

（1）分析评价项目是否符合土地资源结构调整方向，是否符合国家土地资源利用政策及有关规定对合理综合利用的要求，属于（A）。

（2）分析评价项目是否符合国家建设用地环境评价标准的要求，是否符合整体景观布局要求，属于（B）。

（3）分析评价项目的土地资源利用水平和指标是否符合国家有关规定要求，属于（B）。

2. 选项 C，建设用地项目综合利用效果分析评价是采用对比法对建设前后对比、与标准规范要求指标对比、与国内外先进水平对比。

3. 土地资源利用分析评价包括六个方面，分别是：

（1）项目土地资源综合利用评价：项目土地资源综合利用方案及措施分析评价、项目环境效益分析评价、土地综合利用效果分析评价、土地资源优化配置建议。

（2）农用地综合利用评价：农用地项目综合利用方案及措施分析评价、农用地项目环境效益分析评价、农用地项目综合利用效果分析评价、农用地项目资源优化配置建议。

（3）建设用地评价：建设用地综合利用方案及措施分析评价；建设用地项目环境效益分析评价；建设用地项目综合利用效果分析评价；建设用地项目资源优化配置建议。

（4）土地生态环境质量评价。

（5）土地生态安全评价。

（6）土地利用效率评价。

考点 13　土地资源利用分析评价的要求和内容

（题干）土地资源利用分析评价应遵循<u>合规性</u>、<u>适用性</u>及<u>和谐性</u>原则，其评价内容包括（ABCDEFGHIJKLMNOPQRSTUVWXYZA′B′C′）。

A. 建设用地是否符合国家和地方政府及相关部门的法律法规和文件的规定

B. 建设用地审批文件及竣工文件是否符合国家和地方政府及相关部门的法律法规和文件的规定

C. 建设用地归档的文件、资料是否齐全、完整、规范，是否符合归档的要求

D. 建设用地总图是否符合国务院或其行政主管部门的绘制要求

E. 建设项目用地是否存在重复或漏征土地相关税费情况

F. 依国家供地政策要求是否符合法定用地要求

G. 建设项目征地时，是否按照国家规定缴纳各种税费

H. 建设项目征地时，各相关财务归档手续是否合法、合规、齐全、完整

I. 建设项目用地内建筑物、构筑物是否超出用地范围

J. 建设项目用地内有无与设计范围以外的非交接的建筑物、构筑物、种植物

K. 建设项目临时用地及建筑、施工单位所签订的有关协议是否按协议履行

L. 建设单位是否完成建设用地"国有土地使用证"领取手续

M. 受建设单位委托代办的地方土地行政主管部门所负责征的拆迁补偿款是否拨付到位

N. 受建设单位委托代办的地方劳动保障行政主管部门所负责转非劳动力就业和社会保险的安置落实情况

O. 地方民政部门负责超转人员的管理安置落实情况

P. 建设单位依据所在地人民政府的规定是否在补偿标准上执行了最低保护价格

Q. 建设单位拆迁非住宅房屋和其他建筑物、构筑物，是否按重置成新价格予以补偿

R. 建设单位对公益公共设施需拆迁的是否迁建

S. 建设单位对拆迁经营性房屋造成停产停业经济损失是否依规定给予补偿

T. 建设单位是否执行了拆迁临时建筑物补偿标准

U. 建设单位对居民搬迁入户的相关合同书是否依法、合规、有效

V. 建设单位在完成拆迁后一个月内向区、县国土房管局移交"拆迁结案原始资料"等拆迁档案，并办理有关手续是否落实

W. 建设单位对"提前搬迁奖励费"的标准是否依区、县政府规定标准执行

X. 建设单位对特殊群体的拆迁补偿标准可按地方政府的相关规定办理

Y. 对拆迁征地工作过程及结果处理意见的评价，是否依法、合规，居民回访满意率

Z. 对建设项目程序、内容、结论的评价，是否符合国家和地方人民政府相关政策要求

A′. 提交的安置房屋证明评价

B′. 对委托拆迁单位的评价

C′. 对委托拆迁评估结果评价

【考点细说与习题汇编】

基于上述选项，命题时还可能会考核的题目有：

（1）土地资源利用分析评价中拟征建设用地合规性的评价包括（ABCDEFGHIJKL）。

（2）土地资源利用分析评价中居民搬迁入户实物调查的评价包括（MNOPQRSTUVWX）。

（3）土地资源利用分析评价中征地拆迁符合性的评价包括（YZA′B′C′）。

考点 14　农用地综合利用评价指标

（题干）下列土地资源利用分析评价指标中，属于农用地综合利用评价指标的有（ABCDEFGHIJKLMNOPQRSTUVWXYZA′B′C′D′E′）。

A. 农用地总量平衡指数	B. 破碎度
C. 连接度	D. 分维数
E. 功能流流量和速度	F. 有效土层厚度
G. 表层土壤质地【2018 年考过】	H. 剖面构型
I. 盐渍化程度	J. 土壤污染状况
K. 土壤有机质含量	L. 土壤酸碱度（pH 值）
M. 土壤障碍层次	N. 排水条件
O. 地形坡度	P. 灌溉保证率【2018 年考过】
Q. 地表岩石露头状况	R. 灌溉水源
S. 生态旅游净收益	T. 粮食保证率
U. 农业就业劳动力比重	V. 单位面积净产值
W. 单位面积固定资产投入	X. 农村居民人均纯收入
Y. 单位面积农用地固碳量	Z. 释放 O_2 量
A′. 释放甲烷 CH_4 量	B′. 释放 SO_2 吸收量
C′. 滞尘量	D′. 农用地临近水源水质指数
E′. 水资源盈亏	

【考点细说与习题汇编】

基于上述选项，命题时还可能会考核的题目有：

（1）下列土地资源利用分析评价指标中，属于农用地综合利用评价<u>内部效应</u>指标的有（ABCDEFGHIJKLMNOPQR）。

（2）下列土地资源利用分析评价指标中，属于农用地综合利用评价<u>外部效应</u>指标的有（STUVWXYZA′B′C′D′E′）。

（3）下列土地资源利用分析评价指标中，属于农用地综合利用<u>系统结构指数</u>指标的有

（ABCD）。

（4）下列土地资源利用分析评价指标中，属于农用地综合利用<u>系统功能指数指标</u>的有（E）。

（5）下列土地资源利用分析评价指标中，属于<u>土壤条件指数指标</u>的有（FGHIJKLMNOPQR）。

（6）下列土地资源利用分析评价指标中，属于<u>社会效应指标</u>的有（STU）。

（7）下列土地资源利用分析评价指标中，属于农用地综合利用<u>经济指标</u>的有（VWX）。

（8）下列土地资源利用分析评价指标中，属于农用地综合利用<u>生态环境指标</u>的有（YZA′B′C′D′E′）。

考点 15　建设用地主要评价指标

（题干）下列建设用地评价指标中，属于建设用地开发利用程度评价指标的有（ABCDEFGHIJ）。

A. 土地建设利用率
B. 水库水面利用率
C. 人均农村居民点用地面积
D. 建制镇面积比例
E. 土地闲置率
F. 城市建筑密度
G. 人均城市用地面积
H. 开发区土地开发率
I. 开发区土地批租率
J. 开发区土地建成率
K. 城镇化水平
L. 城市土地利用系数
M. 单位面积建设用地就业人数
N. 单位面积建设用地固定资产投资
O. 对外交通便利程度
P. 城市用地扩展系数
Q. <u>土地基本地价水平</u>
R. <u>城市商业用地的比例</u>
S. <u>工业用地产出率</u>
T. <u>单位建设用地产值</u>【2018 年考过】
U. <u>非农产业占地系数</u>【2018 年考过】
V. <u>开发区土地产出指标</u>
W. <u>开发区土地收益</u>
X. <u>城市人均居住面积</u>
Y. 社会人文环境（城市高校数量）
Z. <u>在岗职工人均工资</u>
A′. <u>单位建设用地从业人员</u>
B′. <u>城市基础设施条件</u>
C′. <u>用地布局分散程度</u>【2018 年考过】
D′. 绿化率
E′. <u>单位面积工业废水量</u>
F′. 单位面积废气排放量
G′. 建设用地占用农用地水平
H′. 后备资源满足程度
I′. 重点项目、基础设施项目的用地保障程度和区位条件【2018 年考过】

 【考点细说与习题汇编】

基于上述选项，命题时还可能会考核的题目有：

（1）下列建设用地评价指标中，属于建设用地节约经营程度评价指标的有（KLMNOP）。

（2）下列建设用地评价指标中，属于建设用地效益评价指标的有（QRSTUVWXYZA′B′

C′D′E′F′G′H′I′）。

（3）下列建设用地评价指标中，属于表征建设用地经济效益的指标（QRSTUVW）。

（4）下列建设用地评价指标中，属于表征建设用地社会效益的指标（XYZA′B′C′）。

（5）下列建设用地评价指标中，属于表征建设用地生态效益的指标（D′E′F′）。

（6）下列建设用地评价指标中，属于表征建设用地资源效益的指标（G′H′I′）。

考点 16　建设项目用地预审

（题干）建设项目用地预审申请报告的内容包括（ABCDE）。

A. 拟建项目的基本情况　　　　B. 拟选址占地情况

C. 拟用地是否符合土地利用总体规划　　D. 拟用地面积是否符合土地使用标准

E. 拟用地是否符合供地政策

 【考点细说与习题汇编】

1. 注意区分建设项目用地预审申请报告的内容与建设项目用地预审的内容。建设项目用地预审的内容包括：

（1）项目选址是否符合土地利用总体规划，是否符合国家供地政策和土地管理法律、法规规定的条件。

（2）用地规模是否符合有关建设用地指标的规定。

（3）对国家和地方尚未颁布土地使用标准和建设标准的建设项目，以及确需突破土地使用标准确定的规模和功能分区的建设项目，是否已组织建设项目节地评价并出具评审论证意见。

2. 关于该考点还需要掌握以下几个知识点：

概念	建设项目用地预审是指国土资源管理部门在投资项目审批、核准、备案阶段，依法对建设项目涉及的土地利用事项进行的审查【2014 年考过】
申请	由建设用地单位提出
受理	由国土资源部预审的建设项目，国土资源部委托项目所在地的省级国土资源管理部门受理，但建设项目占用规划确定的城市建设用地范围内土地的，委托市级国土资源管理部门受理
管理	实行分级管理【2014 年考过】
有效性	建设项目用地预审文件有效期为三年，自批准之日起计算

考点 17　建设项目环境保护的分类管理

（题干）国家根据建设项目对环境的影响程度，对建设项目的环境保护实行分类管理。对于可能造成重大环境影响的建设项目，应当（AD）。

A. 编制环境影响报告书

B. 编制环境影响报告表

C. 填报环境影响登记表【2011 年考过】

D. 对产生的环境影响进行全面评价

E. 对产生的环境影响进行分析或者专项评价

F. 无需进行环境影响评价【2011 年考过】

【考点细说与习题汇编】

1. 基于上述选项，命题时还可能会考核的题目有：

（1）国家根据建设项目对环境的影响程度，对建设项目的环境影响评价实行分类管理。对于可能造成轻度环境影响的建设项目，应当（BE）。【2011 年考过】

（2）国家根据建设项目对环境的影响程度，对建设项目的环境影响评价实行分类管理。对于对环境影响很小的建设项目，应当（CF）。【2011 年考过】

2. 本考点还可能会以判断正确与错误说法的题目考查，一般会这样命题："关于环境影响评价分类管理的说法，正确的有（   ）。"如果这样命题，可能会设置的干扰选项有：

（1）可能对环境造成轻度影响的建设项目，应按规定填报环境影响登记表。

（2）对环境影响大的建设项目，应编制环境影响报告表。

3. 本考点可以归纳为以下三点内容：

（1）影响重大→报告书→全面评价。

（2）轻度影响→报告表（必须由具有环评资质的环评机构填写）→专项评价。

（3）影响很小→登记表（一般由建设单位自行填写，不要求具备环评资质）→无需评价。

考点 18   工程分析的方法

（题干）污染源源强核算可采用的方法有（ABCDEF）。

A. 实测法   B. 物料衡算法   C. 产污系数法   D. 排污系数法

E. 类比法   F. 实验法

【考点细说与习题汇编】

工程分析是环境影响评价中分析项目建设环境内在因素的重要环节，除了要掌握上述核算方法外，还应掌握影响因素分析。

污染影响因素分析	生态影响因素分析
（1）从工艺的环境友好性、工艺过程的主要产污环节点方面，选择影响较大因素分析。 （2）末端治理措施的协同性方面选择影响较大因素分析。 （3）给出噪声、振动、放射性及电磁辐射等污染的来源、特性及强度。 （4）说明各种源头防控、过程控制、末端治理、回收利用等环境影响减缓措施状况。 （5）明确项目消耗的原料、辅料、燃料、水资源等种类、构成和数量	分析建设项目建设和运行过程（包括施工方式、施工时序、运行方式、调度调节方式等）对生态环境的作用因素与影响源、影响方式、影响范围和影响程度

考点 19　环境影响预测与评价

（题干）环境影响预测与评价应重点预测建设项目生产运行阶段正常工况和非正常工况等情况的环境影响。采用的方法主要有（ABC）。

A. 数学模式法【2018 年考过】　　　　　B. 物理模型法

C. 类比调查法　　　　　　　　　　　　D. 统计分析法

E. 现场调查法　　　　　　　　　　　　F. 实测法

 【考点细说与习题汇编】

1. 选项 D、E、F 均为干扰选项。基于上述选项，命题时还可能会考核的题目有：

（1）能给出定量的预测结果，但需一定的计算条件和输入必要的参数、数据。这种环境影响预测方法是（A）。

（2）在无法利用数学模式法预测而又要求预测结果定量精度较高时，应选用（B）预测分析环境影响。

2. 对以生态影响为主的建设项目，应预测生态系统组成和服务功能的变化趋势，重点分析项目建设和生产运行对环境保护目标的影响。

考点 20　规划环境影响评价的适用范围、责任主体和公众参与

（题干）关于规划环境影响评价的说法，正确的有（ABCDEFGHIJ）。

A. 土地利用的有关规划应当进行环境影响评价

B. 区域、流域、海域的建设、开发利用规划应当进行环境影响评价

C. 工业、农业、畜牧业、林业、能源、水利、交通、城市建设、旅游、自然资源开发的专项规划，应当进行环境影响评价

D. 编制综合性规划，应当编写环境影响篇章或者说明【2012 年、2013 年、2016 年考过】

E. 编制专项规划应编写环境影响报告书【2012 年、2013 年、2016 年考过】

F. 编制专项规划中的指导性规划，应当编写环境影响篇章或者说明

G. 规划编制机关应当对环境影响评价文件的质量负责【2013 年考过】

H. 对可能造成不良环境影响并直接涉及公众环境权益的专项规划，应当公开征求有关单位、专家和公众对规划环境影响报告书的意见

I. 公众参与可采取调查问卷、座谈会、论证会、听证会等形式进行

J. 规划编制单位对规划环境影响进行跟踪评价，应当征求有关单位、专家和公众的意见

 【考点细说与习题汇编】

1. 该考点在历年考试中通常以判断正确与错误说法的综合题目出现，在考查时，不是

单独考查其中的一项内容，而是综合考查这些知识点。

2. 选项 I 可能会设置的干扰选项是：规划环境影响评价的公众参与形式不包括听证会。

考点 21　规划环境影响评价的原则和内容

（题干）关于规划环境影响评价内容中<u>规划协调性分析</u>的说法，正确的有（ABCDEFG）。

A. 分析规划在所属规划体系中的位置，给出规划的层级、功能属性和时间属性【2017 年考过】

B. 分析本规划与相关规划的符合性【2017 年考过】

C. 分析规划目标、规模、结构等各规划要素与上层位的符合性【2017 年考过】

D. 分析规划之间的资源保护与利用、环境保护、生态保护等方面的冲突和矛盾

E. 分析规划与国家级、省级主体功能区规划在功能定位、开发原则和环境政策要求等方面的符合性

F. 分析规划要素与同层位规划在环境目标、资源利用、环境容量与承载力等方面的一致性和协调性

G. 分析规划方案的规模、布局、结构、建设时序等与规划发展目标、定位的协调性

H. 分析评价区域环境现状和环境质量、生态功能与环境保护目标间的差距

I. 提出规划实施的资源与环境制约因素【2017 年考过】

J. 建立规划要素与资源、环境要素之间的关系，确定评价重点【2017 年考过】

K. 明确给出规划实施对评价区域资源、环境要素的影响性质、程度和范围

L. 分析水环境、大气环境、土壤环境、声环境的影响，对生态系统完整性及景观生态格局的影响

M. 评估资源与环境承载能力

N. 规划开发强度的分析

O. 论证规划的目标、规模、布局、结构等规划要素的合理性以及环境目标的可达性

P. 动态判定不同规划时段、不同发展情景下规划实施有无重大资源、生态、环境制约因素

Q. 提出规划方案的优化调整建议和评价推荐的规划方案

 【考点细说与习题汇编】

1. 基于上述选项，命题时还可能会考核的题目有：

（1）关于规划环境影响评价内容中<u>现状调查与评价</u>的说法，正确的有（HI）。

（2）关于规划环境影响评价内容中<u>环境影响识别与评价指标体系</u>的说法，正确的是（J）。

（3）关于规划环境影响评价内容中<u>环境影响预测与评价</u>的说法，正确的有（KLMN）。

（4）关于规划环境影响评价内容中<u>规划方案综合论证和优化调整</u>的说法，正确的有（OPQ）。

2. 规划环境影响评价的原则是<u>全程互动、一致性、整体性、层次性、科学性</u>。

考点22 规划环境影响评价的审查

（题干）规划环境影响报告书的审查内容包括（ABCDEFG）。

A. 基础资料、数据的真实性【2010年考过】

B. 评价方法的适当性【2010年、2017年考过】

C. 环境影响分析、预测和评估的可靠性

D. 优化调整建议

E. 预防或者减轻不良环境影响的对策和措施的合理性和有效性【2017年考过】

F. 公众意见采纳与不采纳情况及其理由的说明的合理性【2010年、2017年考过】

G. 环境影响评价结论的科学性

【考点细说与习题汇编】

1. 2010年、2017年均以多项选择题考查了审查内容。

2. 规划环境影响评价文件在报审时应符合哪些规定？

（1）规划编制单位在报送审批综合性规划草案和专项规划中的指导性规划草案时，应当将环境影响篇章或者说明作为规划草案的组成部分一并报送规划审批机关。

（2）规划编制单位在报送审批专项规划草案时，应当将环境影响报告书一并附送规划审批机关审查。

考点23 规划环境影响评价的跟踪评价

（题干）下列关于规划环境影响跟踪评价的说法，正确的有（ABCDEF）。

A. 对环境有重大影响的规划实施后应进行跟踪评价【2010年考过】

B. 应由编制机关及时组织环境影响的跟踪评价【2010年考过】

C. 应对规划实施后实际产生的环境影响与环境影响评价文件预测可能产生的环境影响之间的比较分析和评估

D. 应听取公众对规划实施所产生的环境影响的意见

E. 跟踪评价过程中，发现有明显不良环境影响的，应及时提出改进措施【2010年考过】

F. 规划环境影响评价的跟踪评价需要给出结论【2016年考过】

【考点细说与习题汇编】

该考点考核的话一般会以判断正确与错误说法的综合题目考查。

考点24 水土保持方案评价与审批

（题干）关于水土保持方案评价与审批的说法，正确的有（ABCDEF）。

A. 项目水土保持方案评价是项目优化场址（线位）方案的重要条件之一

B. 项目水土保持方案评价可以实现合理利用水土资源，预防和治理水土流失、改善生态环境

C. 水土保持方案报告书的内容包括<u>水土流失防治分区及水土保持措施总体布局</u>

D. 建设项目的初步设计，应当编制水土保持篇章，落实水土流失防治措施和投资概算

E. 水土保持方案报告书和水土保持方案报告表统称为水土保持方案评价文件

F. 水土保持方案<u>必须先经水行政主管部门审查和批准</u>

 【考点细说与习题汇编】

1. 选项 E 可能会设置的干扰选项：水土保持方案报告表和水土保持方案登记表统称为水土保持方案评价文件。

2. 选项 F 可能会设置的干扰选项：水土保持方案必须先经环境保护行政主管部门审查和批准。

3. 考试时还可能会考查水土保持方案评价的 3 个作用，包括：

（1）实现合理利用水土资源，预防和治理水土流失、改善生态环境。

（2）项目可行性研究报告审批或项目核准、备案重要的报建条件。

（3）项目优化场址（线位）方案的重要条件之一。

考点 25 安全评价的内容和分类

（题干）安全评价按照实施阶段不同分为（ABC）。

A. 安全预评价　　　B. 安全验收评价　　　C. 安全现状评价

 【考点细说与习题汇编】

基于上述选项，命题时还可能会考核的题目有：

（1）某企业根据市场需要进行扩建，依据《建设项目安全设施"三同时"监督管理暂行办法》，以该企业的可行性研究报告为基础，对该扩建项目进行的安全评价是（A）。

（2）建设项目竣工、试生产运行正常后，通过对该建设项目的设施、设备、装置投入生产和使用的情况，检查安全生产管理措施到位情况、安全生产规章制度健全情况及事故应急救援预案建立情况的安全评价属于（B）。

（3）针对生产经营活动中、工业园区内的事故风险、安全管理等情况，辨识与分析其存在的危险、有害因素，提出科学、合理、可行的安全对策措施建议的安全评价是（C）。

（4）既适用于对一个生产经营单位或一个工业园区的评价，也适用于某一特定的生产方式、生产工艺、生产装置或作业场所的安全评价是（C）。

考点 26 安全预评价的程序及方法

（题干）下列安全预评价的方法中，属于<u>定性评价方法</u>的有（ABCDE）。

A. 安全检查表法　　　　　　　　　　B. 预先危险分析法

C. 故障类型和影响分析法　　　　　　D. 作业条件危险性评价法

E. 危险和可操作性研究法　　　　　　F. 危险度评价法

G. 道化学火灾、爆炸指数评价法　　　H. 泄漏、火灾、爆炸、中毒评价模型

 【考点细说与习题汇编】

1. 基于上述选项，命题时还可能会考核的题目有：

下列安全预评价的方法中，属于定量评价方法的有（FGH）。

2. 安全预评价程序为：前期准备；辨识与分析危险、有害因素；划分评价单元；定性、定量评价；提出安全对策措施建议；做出评价结论；编制安全预评价报告等。

关于程序的考核，有两种题型：

（1）给出其中的几项工作，判断正确顺序。

（2）给出其中的一项工作，判断其紧前的工作或者紧后的工作。

第九章 社 会 评 价

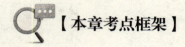 【本章考点框架】

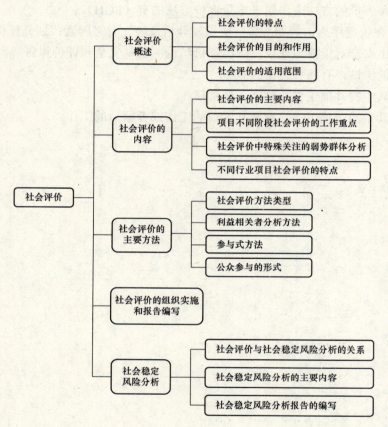

社会评价
- 社会评价概述
  - 社会评价的特点
  - 社会评价的目的和作用
  - 社会评价的适用范围
- 社会评价的内容
  - 社会评价的主要内容
  - 项目不同阶段社会评价的工作重点
  - 社会评价中特殊关注的弱势群体分析
  - 不同行业项目社会评价的特点
- 社会评价的主要方法
  - 社会评价方法类型
  - 利益相关者分析方法
  - 参与式方法
  - 公众参与的形式
- 社会评价的组织实施和报告编写
- 社会稳定风险分析
  - 社会评价与社会稳定风险分析的关系
  - 社会稳定风险分析的主要内容
  - 社会稳定风险分析报告的编写

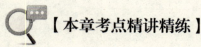 【本章考点精讲精练】

考点 1　社会评价的特点

（题干）关于投资项目社会评价特点的说法，正确的有（ABCDEFGH）。

A. 社会评价通常要考虑国家或地区的中、远期发展要求【2018 年考过】

B. 投资项目的社会评价应该具有<u>宏观性</u>

C. 投资项目的社会评价应该具有<u>长期性</u>

118

D. 社会评价的目标呈现<u>多重性</u>

E. 社会评价的目标呈现<u>复杂性</u>

F. 社会评价通常需要采用<u>多目标综合评价</u>的方法【2012 年考过】

G. 社会目标多元化和社会效益的多样性<u>难以使用统一的量纲、指标和标准来计算</u>【2018 年考过】

H. 社会评价需要从<u>国家、地方、社区</u>等不同层面进行分析【2010 年、2012 年考过】

 【考点细说与习题汇编】

1. 该考点在考试时常以判断正确与错误说法的综合题目出现。

2. 本题中可能会出现的错误选项如下：

A. 社会评价应着眼具体的项目评价指标

B. 社会评价往往具有明确的判断标准

C. 社会评价一般只考察项目计算期内的社会影响

3. 选项 D 可能设置的干扰选项是：社会评价目标通常较为单一。

4. 选项 G 可能设置的干扰选项是：社会评价适合使用统一的量纲和指标计算。

5. 选项 H 可能设置的干扰选项是：社会评价需要从国际、国内和地方三个层次进行分析。

6. 社会发展目标包括哪些？

社会发展目标包括<u>经济增长目标、国家安全目标、人口控制目标、减少失业和贫困目标、环境保护目标</u>。

考点 2　社会评价的目的和作用

（题干）投资项目社会评价的目的可体现在宏观层面和项目层面，下列属于<u>项目层面</u>的有（ABCDE）。

A. 制定一个能够切实完成项目目标的机制和组织模式

B. 保证项目收益在项目所在地区不同利益相关者之间的公平分配

C. 预测潜在风险并分析减少负面社会影响的对策措施，防止或尽量减少项目对地区社会环境造成负面影响【2014 年考过】

D. 提出为实现各种社会目标，提出项目设计方案改进建议

E. 通过参与式方法的运用，增强项目所在地区居民有效参与项目建设和管理，以促进项目效果的可持续性

F. 满足人们的基本社会需求

G. 充分利用地方资源、人力、技术和知识，增强地方的参与程度

H. 实现经济和社会的稳定、持续和协调发展【2017 年考过】

I. 减少或避免项目建设和运行可能引发的社会问题【2017 年考过】

J. 促进不同地区之间的公平协调发展【2017 年考过】

【考点细说与习题汇编】

1. 基于上述选项，命题时还可能会考核的题目有：

（1）社会评价的目的包括（ABCDEFGHIJ）。

（2）在宏观层面上，项目社会评价的目的有（FGHIJ）。

2. 考生复习过程中，一定要注意命题人将宏观层面与项目层面的目的进行混合性的考核。

3. 社会评价的作用在 2011 年以判断正确与错误说法的综合题目考查。有三个方面的作用需要我们掌握：

（1）有利于经济发展目标与社会发展目标的协调一致，防止单纯追求项目经济效益。

（2）有利于项目所在地区利益协调一致，减少社会矛盾和纠纷，促进社会稳定。

（3）有利于避免或减少项目建设和运营的社会风险，提高投资效益。

考点 3　社会评价的适用范围

（题干）关于社会评价范围的说法，正确的有（ABCDEF）。

A. 不要求所有项目都进行社会评价【2013 年考过】

B. 社会因素复杂的项目需要进行社会评价【2013 年考过】

C. 社会影响久远的项目需要进行社会评价

D. 社会矛盾比较突出的项目需要进行社会评价

E. 社会风险较大的项目需要进行社会评价

F. 社会问题较多的项目需要进行社会评价

G. 产出价格违背真实价值的项目需要进行社会评价

H. 经济效益显著的项目不需要进行社会评价【2013 年考过】

I. 列入国家中长期发展规划的项目不需要进行社会评价【2013 年考过】

 【考点细说与习题汇编】

1. 选项 A 可能设置的干扰选项是：所有项目都应进行社会评价。

2. 选项 G、H、I 均属于干扰选项。

3. 社会评价的适用范围一般有两种考查方式：

（1）以判断正确与错误说法的综合题目考查。

（2）判断需要进行社会评价的投资项目包括哪些。

考点 4　社会评价的主要内容

（题干）社会评价是一项系统性分析评价工作，下列属于社会分析内容的有（ABCD）。

A. 社会影响分析　　　　　　　　B. 社会互适性分析

C. 社会风险分析　　　　　　　　D. 社会可持续性分析

【考点细说与习题汇编】

1. 考试时可能设置的干扰选项包括：利益相关者分析、行业发展目标分析、企业税负分析。基于上述选项，命题时还可能会考核的题目有：

（1）社会分析通过人口因素、社会经济因素、社会组织、社会政治背景和利益相关者需求的系统调查，分析评价社会影响和风险，消除或缓解不利社会影响。其内容一般包括项目的（ABCD）。【2016年考过】

（2）项目社会评价中对"所在地区居民收入及其分配的影响分析"属于（A）。

（3）项目社会评价中对"所在地区居民生活水平和生活质量的影响分析"属于（A）。

（4）项目社会评价中对"所在地区居民就业的影响分析"属于（A）。

（5）项目社会评价中对"所在地区不同利益相关者的影响分析"属于（A）。

（6）项目社会评价中对"所在地区弱势群体利益的影响分析"属于（A）。

（7）项目社会评价中对"当地基础设施、社会服务容量和城市化进程的影响分析"属于（D）。

（8）项目社会评价中对"所在地区文化、教育、卫生的影响分析"属于（A）。

（9）项目社会评价中对"所在地区少数民族风俗习惯和宗教的影响分析"属于（A）。

（10）项目社会评价中对"所在地区文化遗产的影响分析"属于（A）。

（11）项目社会评价中，分析预测与项目直接相关的不同利益相关者对项目建设和运营的态度及参与程度属于（B）。

（12）项目社会评价中，分析预测项目所在地区的社会组织对项目建设和运营的态度属于（B）。

（13）项目社会评价中，分析预测项目所在地区社会环境、文化状况能否适应项目建设和发展需要属于（B）。

（14）项目社会评价中，分析移民安置及受损补偿问题对项目的影响，属于（C）。

（15）项目社会评价中，分析民族矛盾、宗教问题对项目的影响，属于（C）。

（16）项目社会评价中，分析弱势群体支持问题对项目的影响，属于（C）。

（17）项目社会评价中，对项目社会效果的可持续程度分析属于（D）。

（18）项目社会评价中，对实现项目社会效果可持续必要条件的分析属于（D）。

（19）项目社会评价中，对项目受益者支付能力的动态变化趋势及其对项目建设运营持续性影响的分析属于（D）。

（20）项目社会评价中，对项目受损者受项目影响程度，导致项目的社会可持续性所受到影响的分析属于（D）。

2. 针对这部分内容，考查主要以社会分析的内容为主，考试时还有可能在备选项中给出分析内容，要求考生判断是属于社会影响分析、社会互适性分析、社会风险分析，还是社会可持续性分析。比如：

项目社会评价的社会影响分析包括（BDE）。

A. 分析预测与项目直接相关的不同利益群体对项目的参与程度

B. 分析预测项目对所在地区不同利益群体的影响

C. 分析预测项目所在地区现有技术、文化状况能否适应项目建设和发展

D. 分析预测项目对所在地区文化、教育、卫生的影响

E. 分析预测项目对所在地区居民收入的影响

3. 考生可以参考下图记忆社会分析的内容。

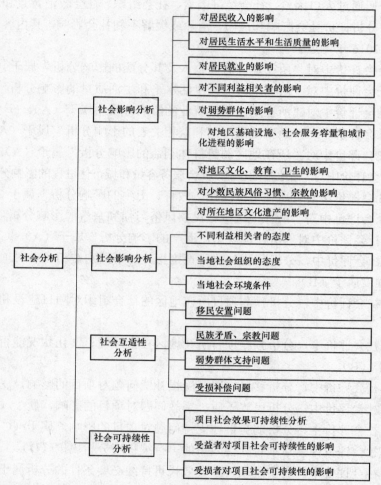

4. 社会评价内容通常可归结社会调查、社会分析、社会管理方案制定三项内容【2018年考过】。

5. 了解社会管理方案的内容,社会管理方案包括利益加强计划、负面影响减缓计划、利益相关者参与计划和社会监测评估计划。

考点 5　项目不同阶段社会评价的工作重点

(题干)在项目周期的不同阶段,项目实施前后所面临的社会环境和条件会发生变化,其工作内容和重点应有不同要求。项目建议书阶段的社会评价内容包括(ABCD)。

A. 大致了解项目所在地区社会环境的基本情况

B. 着眼于分析判断负面的社会因素，粗略地预测可能出现的情况及其对项目的影响程度

C. 判断项目社会可行性和可能面临的社会风险

D. 判断是否需要进行详细社会评价

E. 全面深入地分析项目的社会效益与影响

F. 全面深入地分析项目与社会的相互适应性

G. 进一步研究与项目相关的社会因素和社会影响程度，详细论证风险程度【2016 年考过】

H. 从社会层面论证项目的可行性，编制社会管理方案【2018 年考过】

I. 结合项目建设的准备情况，对前期阶段完成的评价结论做进一步分析和修正

J. 对已经发生的影响和相关反应做出分析，并对未来的变化进行预测

K. 对实际发生的影响进行分析，了解掌握项目对当社区、人口、主要利益相关者造成的实际影响及发展趋势

 【考点细说与习题汇编】

1. 基于上述选项，命题时还可能会考核的题目有：

（1）项目可行性研究（项目申请报告）阶段社会评价的主要内容包括（EFGH）。

（2）项目准备阶段社会评价的主要内容包括（I）。

（3）项目实施阶段社会评价的重点是（J）。

（4）项目运营阶段社会评价的重点是（K）。

2. 2018 年考查了项目可行性研究（项目申请报告）阶段社会评价的作用，考查方式是将其他阶段的社会评价作用作为干扰选项。

3. 本考点中还应掌握进行详细社会分析的项目具有的特征，一般考查多项选择题。包括 8 点，分别是：

（1）项目地区的居民无法从以往的发展项目中受益或历来处于不利地位。

（2）项目地区存在比较严重的社会、经济不公平等现象。

（3）项目地区存在比较严重社会问题。

（4）项目地区面临大规模企业结构调整，并可能引发大规模的失业人口。

（5）可以预见到项目会产生重大的负面影响，如非自愿移民、文物古迹的严重破坏。

（6）项目活动会改变当地人口的行为方式和价值观念。

（7）公众参与对项目效果可持续性和成功实施十分重要。

（8）项目评价人员对项目影响群体和目标群体的需求及项目地区发展的制约因素缺乏足够的了解。

考点 6　社会评价中特殊关注的弱势群体分析

（题干）在项目社会评价中，重点关注的人群范围包括（ABCD）。

A. 贫困人口【2010 年考过】　　　　　　B. 女性【2010 年考过】

C. 少数民族【2010 年考过】　　　　　　D. 非自愿移民

E. 自愿移民【2010 年考过】   F. 受损群体

 【考点细说与习题汇编】

对贫困人口、女性、少数民族和非自愿移民这类弱势群体分析有不同的侧重点，考试时除了会考查上述题型外，还会考查不同群体分析的侧重点。这部分知识点见下表。

弱势群体分析	关 注 重 点
贫困分析	识别受项目影响的贫困群体，分析项目给贫困群体带来的影响和社会风险
	建立参与协商机制，在项目方案设计中尽可能避免或减少因项目实施而给贫困群体带来的社会风险
	建立必要的沟通、协商、对话、抱怨申诉机制
性别分析	从社会性别视角进行不同性别群体的社会角色分工、影响、需求的差异性分析
	利用性别分析清单和性别分析工具分析男性和女性对项目的不同作用和需求
	分析项目对男性和女性可能产生的不同影响
	确定项目目标体系中的社会性别目标
	确定参与式战略，优化项目设计方案，进行社会性别规划
	提出在项目实施中建立性别敏感的监测指标的建议
少数民族分析	项目对当地少数民族风俗习惯和宗教的影响
	分析预测项目建设和运营是否符合国家的民族政策，是否充分考虑了少数民族地区的风俗习惯、生活方式、宗教信仰，是否会引起民族矛盾，诱发民族纠纷，影响当地社会的安定团结
	分析项目对不同民族或族群产生的影响
	就项目对少数民族积极的或消极的影响问题给予关注
非自愿移民分析	农村集体土地征收、国有土地使用权收回、城市国有土地上房屋征收与非自愿移民安置导致的社会影响

考点 7　不同行业项目社会评价的特点

（题干）不同行业、不同类型的项目，社会评价的内容及重点明显不同。下列关于不同行业项目社会影响的说法，正确的有（ABCDEFGHIJK）。

A. 城市交通项目应重点关注项目建设引起的征地拆迁社会风险

B. 城市交通项目应重点关注项目实施可能为物流和人员往来提供便捷服务

C. 城市交通项目应重点关注由于土地升值和租金上涨，可能导致处于弱势地位的贫困家庭处境更加困难所引起的社会风险问题

D. 城市环境项目应重点关注建设施工可能为居民创造的非农业就业机会

E. 城市环境项目应重点关注建设施工对土地被征用和搬迁的农村家庭及其他受项目影响的人群就业的影响【2014 年考过】

F. 能源项目在使项目所在地区受益的同时，也可能发生土地征用、人口迁移或引起当地市场能源价格变化【2014 年考过】

G. 能源项目社会评价中，应着重分析因能源开发所造成的潜在社会风险

H. 农村发展项目应重点关注项目可能对农民造成的负面影响【2014 年考过】

I. 水利项目应重点关注由于征地占地所引起的负面影响

J. 水利项目应重点关注贫困和弱势群体参与项目活动的机会

K. 自然资源保护项目的实施往往会对当地人口特别是贫困人口造成不利影响【2014 年考过】

 【考点细说与习题汇编】

1. 关于该考点除上述题型外，还有可能考查的题型是，在备选项中给出社会评价分析的内容，判断具体属于哪类项目。

2. 针对选项 H、J，应注意是负面影响，而不是正面影响。

3. 下表将城市交通项目、城市环境项目、能源项目、农村发展项目、水利项目、自然资源保护项目在社会评价中重点关注内容整理如下表：

项 目	重点关注内容
城市交通项目	（1）项目实施可能为物流和人员往来提供便捷服务，刺激经济增长，扩大提供进入市场、获取社会服务的渠道，促进就业，推动居住区的扩大、人口及居住环境的改善。 （2）项目建设引起的征地拆迁社会风险。 （3）原有经济活动萎缩及其有关收入损失的问题。 （4）涉及交通安全和空气及噪声污染等公共健康方面的不利影响。 （5）可能导致处于弱势地位的贫困家庭处境更加困难所引起的社会风险问题
城市环境项目	（1）通过解决因空气、土地或水污染带来的环境问题，对改善项目地区的环境卫生状况、提高目标人群生活质量的影响。 （2）城市环境项目的建设施工可能为居民创造的非农业就业机会，以及对土地被征用和搬迁的农村家庭及其他受项目影响的人群就业的影响，对城市企业因搬迁而带来的就业压力。 （3）项目实施可能引起的环境政策的严格执行和社会服务政策或公共产品价格政策的调整，从而导致既得利益者受损的情况。 （4）房屋拆迁而导致居民区内原有商业网络的破坏，使得那些以此为生的人群的生计出现的困难。 （5）由于环境收费政策的调整使得一些处于最低生活保障线边缘的人口陷入贫困，以及由于环保政策的调整对某些行业提出新的限制而使某些人员丧失收入来源等。 （6）地方政府、土地管理部门、拆迁机构，以及项目的计划、决策、设计和实施等机构对项目的影响程度等
能源项目	（1）因能源开发所造成的潜在社会风险，制定避免、消除或减缓负面影响的措施。 （2）为当地受项目影响的居民提供更多的分享项目效益的机会。 （3）为受影响的人群创造知情参与的机会，并根据他们的愿望和要求拟定项目应达到的社会目标
农村发展项目	项目可能对农民造成的负面影响，并制定减缓负面影响的方案
水利项目	（1）由于征地占地所引起的负面影响，通过制定和实施"移民行动计划"以减轻各种负面影响。 （2）对于农村水利项目，应把农民用水者参与管理作为项目发展的社会目标，通过调查项目区农民用水户情况，了解他们参与灌溉管理的需求和能力，以及他们为改善灌溉系统而承担建设成本的愿望，提出改善灌溉系统，完善参与式灌溉和排水管理等方面的对策建议。 （3）贫困和弱势群体参与项目活动的机会，特别是那些居住在下游地区的群体。 （4）项目实施方案对相关群体的影响，研究提出减缓项目可能的不利影响和社会风险的对策建议
自然资源保护项目	分析制定包括贫困人口在内的有针对性的措施，将自然资源保护与当地的经济发展及摆脱贫困等目标进行有机结合，实现人与自然的和谐发展

考点8 社会评价方法类型

（题干）关于社会评价方法的说法，正确的有（ABCDEFGHI）。

A. 社会评价按是否量化分为<u>定性分析方法和定量分析方法</u>

B. 社会评价按应用领域分为<u>通用方法和专用方法</u>

C. 定性分析方法强调对事物发展变化过程的描述、分析和预测，重点关注事物发展变化的因果关系和逻辑关系

D. <u>定性分析应尽量引用直接或间接的数据</u>【2018年考过】

E. 定量分析方法在调查分析得到的原始数据基础上，计算出结果并结合一定的标准所进行的分析评价

F. <u>定性分析方法和定量分析方法通常相辅相成、共同使用</u>【2018年考过】

G. <u>对比分析法可以用于社会评价</u>【2018年考过】

H. <u>利益相关者分析方法、参与式方法是社会评价的专用方法</u>【2018年考过】

I. <u>逻辑框架法、对比分析法是社会评价的通用方法</u>

 【考点细说与习题汇编】

1. 对这部分内容而言，还有可能考查概念题，比如：

（1）下列社会评价方法中，强调对事物发展变化过程的描述、分析和预测，重点关注事物发展变化的因果关系和逻辑关系的方法是（定性分析方法）。

（2）通过一定的数学公式或模型，在调查分析得到的原始数据基础上，计算出结果并结合一定的标准所进行分析评价的方式是（定量分析方法）。

2. 选项C可能会设置的干扰选项：定性分析强调对事件结果的描述和分析。

3. 选项F可能会设置的干扰选项：社会评价通常在定性分析和定量分析中选择使用一种方法。

4. 选项I可能会设置的干扰选项：逻辑框架法、利益相关者分析、参与式评价是社会评价的专用方法。

考点9 利益相关者分析方法

（题干）社会评价中，利益相关者应从（ABCDEF）方面分析其影响力及其重要程度。

A. 权利和地位的拥有程度   B. 组织机构的级别

C. 对战略资源的控制力   D. 其他非正式的影响力

E. 与其他利益相关者的权利关系   F. 对项目取得成功的重要程度

G. 利益相关者的利益构成

【考点细说与习题汇编】

1. 选项 G 为什么会是错误的？原因就是：利益相关者分析的步骤是：识别利益相关者→分析利益相关者的利益构成→分析利益相关者的重要性和影响力→制订主要利益相关者参与方案。选项 G 是利益相关者分析的步骤之一。

2. 利益相关者分析步骤在 2012 年是这样命题的："社会评价中，进行利益相关者分析时需要开展的工作有（　　　）"。

3. 利益相关者分析贯穿社会评价全过程。

4. 关于这部分内容还需要掌握利益相关者按其重要程度的分类。

类型	主要利益相关者	次要利益相关者
概念	项目的直接受益者或直接受到损害的人	与项目的方案规划设计、具体实施等相关的人员或机构，如银行机构、政府部门、非政府组织【2009 年考过】

考点 10　参与式方法

（题干）社会评价强调公众参与，下列关于参与式社会评价方法的说法，正确的有（ABCDEFG）。

A. 参与式方法是对计划和行动做出监测评价，最终使当地人从项目的实施中得到收益【2010 年考过】

B. 参与式方法包括参与式评价和参与式行动

C. 参与式评价侧重于应用参与式的工具来进行数据的收集、分析和评价

D. 参与式评价主要是通过参与式方法来收集那些受项目消极影响的人的信息

E. 参与式评价应贯穿于项目全过程

F. 参与式行动偏重于让项目的利益相关者在决策和项目实施上发挥作用

G. 参与式行动使受损群体的利益损失得到更加合理的补偿

【考点细说与习题汇编】

1. 选项 F 还可能会这样考查：

参与式行动与参与式评价最主要的区别在于（参与式行动偏重于让项目的利益相关者在决策和项目实施上发挥作用）。

2. 选项 F 可能设置的干扰选项是：参与式行动偏重于让项目的利益相关者主导项目的实施。

3. 本题中可能会出现的错误选项如下：

A. 参与式方法的实施结果可以保证项目完全适合当地受益者的需求

B. 参与式方法可以消除社会评价出现偏差的可能性

4. 制定利益相关者的参与机制要把握三个环节：信息交流、磋商、参与过程。2017 年以多项选择题形式考查了这个三个环节。以后考查的话大多也就这种题型。

考点 11　公众参与的形式

（题干）公众参与项目的主要形式包括（ABCDEFGHIJ）。

A. 自主性参与　　　　　　　　　　B. 动员性参与

C. 组织化参与　　　　　　　　　　D. 个体化参与

E. 目标性参与　　　　　　　　　　F. 手段性参与

G. 支持性参与　　　　　　　　　　H. 非理性参与

I. 制度化参与　　　　　　　　　　J. 非制度化参与

【考点细说与习题汇编】

公众参与的形式，考试时可能会考查概念题，应注意区分。基于上述选项，命题时还可能会考核的题目是：

更能反映参与者的参与意识和民主程度的形式是（A）。【2012 年、2016 年考过】

考点 12　社会评价的组织实施和报告编写

（题干）社会评价实施过程中，包括的工作内容有（ABCDE）。

A. 调查社会资料　　　　　　　　　B. 识别社会因素

C. 进行社会分析　　　　　　　　　D. 制定社会管理方案

E. 编写社会评价报告

【考点细说与习题汇编】

1. 社会评价的实施主体：项目单位委托工程咨询机构或有经验的其他机构组织专家和相关人员编制。

2. 社会评价的工程程序一般包括：工作委托、实施评价、提交评价报告、报告审查等。

3. 项目社会评价的实施步骤一般有两种考查题型：一种是上述题型；另一种是给出社会评价实施的工作内容，判断正确的工作步骤，或者给出其中一项工作内容，判断其紧前工作或紧后工作内容。

4. 社会因素可以分为三类，即：影响人类生活和行为的因素；影响社会环境变迁的因素；影响社会稳定与发展的因素。

5. 社会评价报告的编写要求主要有 4 点，分别是：

（1）所采用的基础数据应真实可靠。

（2）分析方法的选择要合理。

（3）结论观点明确，客观可信。

（4）报告格式应规范。

考点 13　社会评价与社会稳定风险分析的关系

（题干）关于社会评价和社会稳定风险分析二者关系的说法，正确的是（ABCDEF）。

A. 理论体系相同【2018 年考过】　　　B. 分析方法一致【2018 年考过】

C. 工作过程和内容相似【2018 年考过】　D. 社会分析角度不同

E. 社会功能管理不同　　　　　　　　F. 报告编写不同

【考点细说与习题汇编】

1. 该考点的另一种命题方式是对社会评价和社会稳定风险分析差异具体内容进行考查。

2. 社会评价与社会稳定风险分析既有相同之处又有差异之处，具体体现如下：

		社会评价	社会稳定风险分析
相同之处		（1）<u>理论基础和原则基本一致</u>。 （2）<u>分析方法一致</u>。都需要采用参与式方式调查、收集信息，都要运用<u>利益相关者分析法，参与式方法</u>，识别利益相关者及其社会风险因素。 （3）<u>工作过程和内容相似</u>【2017 年考过】。 ① 均需经历社会调查、社会分析和社会管理方案制订的过程。 ② 均涉及识别项目的社会风险因素，分析社会风险产生的原因、发生的可能性，提出可能的解决措施和方案	
差异之处	社会分析角度	其中的社会影响分析比较全面，<u>既要分析正面影响，又要分析负面影响</u>	<u>从项目实施可能对当地自然、经济、人文、社会发展的负面影响角度</u>，列出社会稳定风险因素负面清单后进行社会影响分析评价
	功能管理	主要作为项目可行性研究、项目申请报告中评价体系的一个组成部分。 与其他评价体系并列进行综合考察评价，政府和投资主管部门对项目管理功能无强制性要求	重点针对识别出的社会因素，等进行分析评判，并明确规定对存在高风险或者中风险的项目。（注意：运用理论和方法包括<u>对风险因素发生概率、风险事件结果影响程度、风险等级</u>） 明确规定对投资主管审批部门、实施（评估）主体不按规定程序和要求进行分析（评估）导致决策失误，或者造成较大或者重大损失等后果的，依法追究有关责任人的责任【2017 年考过】
	报告编写	缺乏明确的制度性要求、政策性规定、规范性标准，其评审程序尚未定制，评价内容较为宽泛，指标体系也不规范	制度基本完善，政策依据较为明确，风险调查、风险因素识别、判据和社会风险防范化解措施、应急预案等过程清晰，相应指标体系基本完善【2017 年考过】

考点 14　社会稳定风险分析的主要内容

（题干）社会稳定风险分析的主要内容包括（ABCDE）。

A. <u>风险调查</u>　　　　　　　　　　B. <u>风险识别</u>

C. <u>风险估计</u>　　　　　　　　　　D. <u>风险防范与化解措施制定</u>

E. <u>落实风险防范措施后的风险等级判断</u>

【考点细说与习题汇编】

1. 基于上述选项，命题时还可能会考核的题目有：

（1）社会稳定风险分析过程中，针对利益相关者不理解、不认同、不满意、不支持的方面，或在日后可能引发不稳定事件的情形，全面、全程查找并分析可能引发社会稳定风险各种风险因素的工作过程是（B）。

（2）社会稳定风险分析过程中，找出主要风险因素，剖析引发风险的直接和间接原因，采用定性与定量相结合的方法估计出主要风险因素的风险程度，预测和估计可能引发的风险事件及其发生概率的工作过程是（C）。

2. 社会稳定风险调查应围绕拟建项目建设实施的<u>合法性、合理性、可行性、可控性</u>等方面展开。

考点 15　社会稳定风险分析报告的编写

（题干）社会稳定风险分析报告中<u>社会稳定风险调查</u>工作应重点阐述（ABCDEF）。

A. 调查的内容和范围、方式和方法

B. 拟建项目的合法性

C. 拟建项目自然和社会环境状况

D. 利益相关者的意见和诉求、公众参与情况

E. 基层组织态度、媒体舆论导向

F. 公开报道过的同类项目风险情况

G. 在政策规划和审批程序中的风险因素

H. 在土地房屋征收方案、技术和经济方案的风险因素

I. 在项目建设管理的风险因素

J. 在当地经济社会影响、质量安全和社会治安的风险因素

K. 从初步识别的各类风险因素中筛选、归纳出主要风险因素

L. 可能引发风险事件的原因、时间和形式

M. 风险事件的发生概率、影响程度和风险程度

N. 各项风险因素的风险防范和化解措施

 【考点细说与习题汇编】

1. 基于上述选项，命题时还可能会考核的题目有：

（1）社会稳定风险分析报告中<u>社会稳定风险识别</u>工作应重点阐述（GHIJ）。

（2）社会稳定风险分析报告中<u>社会稳定风险估计</u>工作应重点阐述（KLM）。

2. 选项 N 属于风险防范和化解措施。

3. 社会稳定风险分析报告内容中项目概况和编制依据有可能考查多项选择题，具体见下表：

项目概况	项目单位、拟建地点、建设必要性、建设方案、建设期、主要技术经济指标、环境影响、资源利用、征地搬迁及移民安置、社会环境概况（含当地经济发展及社会治安、群体性事件、信访等情况）、投资及资金筹措
编制依据	（1）相关法律、法规、规章和其他政策性文件等。 （2）项目单位的委托合同。 （3）项目单位提供的拟建项目基本情况和风险分析所需的必要资料，主要包括投资项目报建的有关项目选址、用地预审、环境保护等行政许可审批文件等。 （4）国家出台的区域经济社会发展规划、国务院及有关部门批准的相关规划

第十章　不确定性分析与风险分析

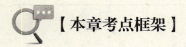【本章考点框架】

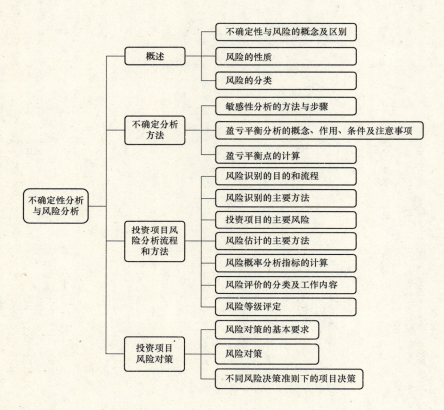

概述
- 不确定性与风险的概念及区别
- 风险的性质
- 风险的分类

不确定分析方法
- 敏感性分析的方法与步骤
- 盈亏平衡分析的概念、作用、条件及注意事项
- 盈亏平衡点的计算

不确定性分析与风险分析

投资项目风险分析流程和方法
- 风险识别的目的和流程
- 风险识别的主要方法
- 投资项目的主要风险
- 风险估计的主要方法
- 风险概率分析指标的计算
- 风险评价的分类及工作内容
- 风险等级评定

投资项目风险对策
- 风险对策的基本要求
- 风险对策
- 不同风险决策准则下的项目决策

【本章考点精讲精练】

考点 1　不确定性与风险的概念及区别

（题干）风险和不确定性是既相互联系，又相互区别的两个概念，两者间的区别表现在（ABCD）。

    A. 可否量化　　　　　　　　　B. 可否保险

    C. 概率可获得性　　　　　　　D. 影响大小

    E. 可否定性　　　　　　　　　F. 可否承受

【考点细说与习题汇编】

1. 首先我们要了解不确定性和风险是什么？

一般意义上的风险是指某一事件发生的概率与其后果的组合。这种事件可能是有害的或不利的，也可能是有利的或可以利用的，将给项目带来机会。

不确定性是指事前不知道所有可能后果，或者知道后果但无法测定其发生的概率。

2. 选项 E、F 均属于干扰选项。

3. 不确定性与风险的区别见下表：

区别	不确定性	风险
可否量化	不可以量化，只能进行假设分析	可以量化，可以采用概率分析方法
可否保险	不可以保险	可以保险
概率可获得性	发生概率未知	发生概率是可知的，或是可以测定的，可以用概率分布来描述
影响大小	代表不可知事件，有更大的影响	有量化风险，其影响则可以防范并得到有效降低

考点 2　风险的性质

（题干）行业和项目都有其特殊性，不同的行业和不同的项目具有不同的风险。这表明风险具有（D）的特点。

A. 客观性　　　　　　　　　　　B. 可变性

C. 阶段性　　　　　　　　　　　D. 多样性【2011 年考过】

E. 相对性

【考点细说与习题汇编】

1. 基于上述选项，命题时还可能会考核的题目有：

（1）风险是否发生，风险事件的后果如何都是难以确定的。但是可以通过历史数据和经验，对风险发生的可能性和后果进行一定的分析预测。这表明风险具有（B）的特点。

（2）投资决策阶段的风险主要包括政策风险、融资风险等，项目实施阶段的主要风险可能是工程风险和建设风险等，而在项目运营阶段的主要风险可能是市场风险、管理风险等。这表明风险具有（C）的特点。

（3）工程风险对业主可能产生不利影响，却给保险公司带来获利机会，这种现象体现了风险的（E）。【2013 年考过】

2. 关于该考点，考试时还可能以多项选择题形式考查不确定性与风险具有的五个性质。

考点 3　风险的分类

（题干）基于不同的分类标准，风险可以有多种划分方法。按照风险的性质，可以划分为（AB）。

A. 纯风险　　　　　　　　　　B. 投机风险

C. 自然风险　　　　　　　　　D. 人为风险

E. 技术风险　　　　　　　　　F. 非技术风险

G. 可管理风险　　　　　　　　H. 不可管理风险

I. 内部风险　　　　　　　　　J. 外部风险

 【考点细说与习题汇编】

1. 基于上述选项，命题时还可能会考核的题目有：

（1）基于不同的分类标准，风险可以有多种划分方法。按照风险的来源，可以划分为（CD）。

（2）基于不同的分类标准，风险可以有多种划分方法。按照风险的边界，可以划分为（IJ）。

2. 选项 E、F 是按技术因素划分；选项 G、H 是按可管理划分。

3. 该考点在考查时，还会综合表述题目，下面将可能考查到的知识点总结如下：

（1）纯风险只会造成损失，不能带来利益。【2011 年考过】

（2）投机风险可能带来损失，也可能产生利益。【2011 年、2016 年考过】

（3）人为风险包括政策风险、经济风险、社会风险等。

（4）非技术原因带来的风险包括社会风险、经济风险、管理风险等。

（5）内部风险包括生产风险、管理风险等。

（6）外部风险只能被动接受，如政策风险、自然风险等。

考点 4　敏感性分析的方法与步骤

（题干）某项目的项目投资财务内部收益率为 14%，原料价格上涨 20%时，项目投资财务内部收益率降为 10%。若项目基准收益率为 10%，则该项目原料价格的敏感度系数和临界点分别为（A）。【2016 年考过】

A. −1.43、20%　　　　　　　B. 1.43、−20%

C. 2、−20%　　　　　　　　D. −2、20%

 【考点细说与习题汇编】

1. 套用敏感度系数公式：

项目原料价格的敏感度系数＝（10%−14%）/14%/20%＝−1.43

接下来分析什么是临界点，临界点是不确定因素使内部收益率等于基准收益率或净现值变为零的变化率。题干中给出项目基准收益率为 10%，而当原料价格上涨 20% 时，项目财务内部收益率为 10% 等于项目基准收益率。所以临界点即原料价格上涨 20%。

2. 计算敏感度系数，应用的计算公式为：

$$E = (\Delta A/A)/(\Delta F/F)$$

式中　E ——评价指标 A 对于不确定因素 F 的敏感度系数：

$\Delta A/A$ ——不确定因素 F 发生 $\Delta F/F$ 变化时，评价指标 A 的相应变化率（%）；

$\Delta F/F$ ——不确定因素 F 的变化率（%）。

巧记：先下后上（先变的在下，后变的在上）

3. 2010 年、2013 年、2016 年、2018 年均考过这部分内容的计算题目，在 2009 年、2018 年以说法是否正确的形式考查了临界点的相关知识点。下面是历年考试的题型：

（1）某项目采用的基准折现率为 12%，其基本方案的财务内部收益率为 16.2%，现建设投资增加 10% 时，财务内部收益率为 13.9%，则建设投资增加 10% 的敏感度系数是（A）。【2018 年考过】

A. −1.42　　　　B. −0.16　　　　C. 0.16　　　　D. 1.58

【分析】直接套用公式：敏感度系数 =（13.9%−16.2%)/16.2%/10% = −1.42。在这里需要注意，计算敏感度系数可以为负数。为负数时，说明效益指标变化方向与不确定因素变化方向相反；为正数时，说明效益指标变化方向与不确定因素变化方向相同。如果要判断不确定因素的敏感程度，可以比较两个敏感度系数的绝对值，绝对值越大，不确定因素对项目效益指标的影响程度相对越大。

（2）某项目基本方案的财务内部收益率为 15%，对应的原材料价格为 8000 元/t，若原材料价格为 9000 元/t，则该项目的财务内部收益率为 12%。该财务内部收益率指标对项目原材料价格的敏感度系数为（B）。【2010 年考过】

A. 1.8　　　　B. −1.6　　　　C. −1.8　　　　D. −2.0

【分析】套用公式直接计算即可。

4. 下面是两道练习题：

（1）某投资方案进行单因素敏感性分析的结果是：产品售价下降 10% 时内部收益率的变化率为 55%；原材料价格上涨 10% 时内部收益率的变化率为 39%；建设投资上涨 10% 时内部收益率的变化率为 50%；人工工资上涨 10% 时内部收益率的变化率为 30%。则该技术方案的内部收益率对（B）最敏感。

A. 人工工资　　　B. 产品售价　　　C. 原材料价格　　　D. 建设投资

【分析】

$$\left|E_{产品售价}\right| = \left|\frac{55\%}{-10\%}\right| = 5.5; \left|E_{原材料价格}\right| = \left|\frac{39\%}{-10\%}\right| = 3.9; \left|E_{建设投资}\right| = \left|\frac{50\%}{-10\%}\right| = 5.0; \left|E_{人工工资}\right| = \left|\frac{30\%}{-10\%}\right| = 3.0;$$

$|E|$ 越大，表明评价指标 A 对于不确定因素 F 越敏感，则该技术方案的内部收益率对产品售价最敏感。

（2）某投资方案经济评价指标对甲、乙、丙三个不确定因素的敏感度系数分别为 −0.1、

0.05、0.09，据此可以得出的结论有（AD）。

    A. 经济评价指标对于甲因素最敏感   B. 甲因素下降 10%，方案达到盈亏平衡

    C. 经济评价指标与丙因素反方向变化   D. 经济评价指标对于乙因素最不敏感

    E. 丙因素上升 9%，方案由可行转为不可行

【分析】甲、乙、丙三个不确定因素的绝对值比较：甲＞丙＞乙，所以甲因素最敏感，乙因素最不敏感。敏感度系数是预测项目可能的风险的，并不能判断盈亏，所以 B 项是错误的。选项 C 错误，同方向。选项 E 错误，当不确定因素的变化超过了临界点所表示的不确定因素的极限变化时，表明项目将由可行变为不可行。

5. 敏感度系数和临界点的计算是考试的重点和难点。做过了上面这些题，这部分内容就掌握得差不多了。

6. 敏感性分析的步骤在考试时可能会给出具体工作，要求判断正确的工作程序，步骤为：

（1）选取不确定因素。

（2）确定不确定因素变化程度。

（3）选取分析指标。

（4）计算敏感性分析指标。

（5）敏感性分析结果表述。

（6）对敏感性分析结果进行分析。

7. 对该考点，考试时还可能考查关于敏感度系数和临界点表述的题目，考查题型是这样的：

关于敏感性分析的说法，正确的是（ABCDEFGHIJKLMN）。

A. 敏感性分析包括单因素敏感性分析和多因素敏感性分析

B. 多因素敏感性分析是对同时改变两个或两个以上因素的情况进行分析【2013 年考过】

C. 进行敏感性分析的因素包括建设投资、产出价格、主要投入价格或可变成本、运营负荷、建设期

D. 最基本的分析指标是内部收益率或净现值【2011 年考过】

E. 敏感度系数是项目效益指标变化的百分率与不确定因素变化的百分率之比【2013 年考过】

F. 不确定因素的敏感度系数越大，表明项目效益对该因素的敏感程度越高【2009 年考过】

G. 临界点是不确定因素的变化使项目由可行变为不可行的临界数值

H. 当不确定因素为费用科目时，临界点为其增加的百分率

I. 当不确定因素为效益科目时，临界点为其降低的百分率【2018 年考过】

J. 临界点的高低与设定的基准收益率有关【2009 年、2018 年考过】

K. 对于同一个投资项目，随着设定基准收益率的提高，临界点表示的不确定因素的极限变化变小【2014 年考过】

L. 在一定的基准收益率下，临界点越低，说明该因素对项目效益指标影响越大，项目对该因素就越敏感【2018 年考过】

M. 敏感度系数较高者或临界点较低者为较为敏感的因素

N. 敏感性分析不能得知不确定因素影响发生的可能性有多大

8. 敏感性分析虽然可以找出项目效益对之敏感的不确定因素，并估计其对项目效益的影响程度，但却并不能得知这些影响发生的可能性有多大，这是敏感性分析最大的不足之处。

考点 5　盈亏平衡分析的概念、作用、条件及注意事项

（题干）以生产能力利用率表示的盈亏平衡点越低，表明企业（A）。

A. 抗风险能力越强　　　　　　　　B. 盈利可能性越大

C. 适应市场能力越小　　　　　　　D. 抗风险能力越小

E. 盈亏平衡总成本越小

 【考点细说与习题汇编】

1. 基于上述选项，命题时还可能会考核的题目有：

（1）以产量表示的盈亏平衡点越低，表明企业（A）。

（2）以产品售价表示的盈亏平衡点越低，表明企业（A）。【2010 年、2016 年考过】

2. 该考点在考试时还可能这样命题："关于项目盈亏平衡分析的说法，正确的有（　　　）"。现将可能会考查到的知识点总结如下：

（1）盈亏平衡分析可以分为线性盈亏平衡分析和非线性盈亏平衡分析。

（2）投资项目决策分析与评价中最常用的是以产量和生产能力利用率表示的盈亏平衡点【2013 年考过】。

（3）盈亏平衡分析只适宜在财务分析中应用。【2010 年、2012 年、2016 年考过】

（4）进行线性盈亏平衡分析要符合四个条件，即：

① 产量等于销售量，即当年生产的产品（扣除自用量）当年完全销售。【2012 年考过】

② 产量变化，单位可变成本不变，从而总成本费用是产量的线性函数。

③ 产量变化，产品售价不变，从而销售收入是销售量的线性函数。

④ 只生产单一产品，或者生产多种产品，但可以换算为单一产品计算，即不同产品负荷率的变化是一致的。

（5）盈亏平衡点应按项目达产年份的数据计算，不能按计算期内的平均值计算。【2010 年考过】

（6）当计算期内各年数值不同时，最好按还款期间和还完借款以后的年份分别计算盈亏平衡点。

考点 6　盈亏平衡点的计算

（题干）某项目运营期各年营业收入、流转税金及可变成本费用均保持不变，项目运营期为 15 年，折旧及摊销年限为投产后 10 年，长期借款还款期为运营期前 6 年，关于其盈亏平衡分析的说法，正确的有（BCD）。

A. 盈亏平衡点可按计算期内的平均值计算

B. 盈亏平衡点越低表明项目抗风险能力越强【2014 年考过】

C. 运营期第 2 年的盈亏平衡点会高于第 7 年【2014 年考过】

D. 运营期第 7 年的盈亏平衡点会高于第 11 年【2014 年考过】

E. 运营期第 11 年的盈亏平衡点会高于第 12 年

 【考点细说与习题汇编】

1. 首先来分析下这道题，选项 AB 很容易判断正确，这里就不在阐述了。选项 C，根据盈亏平衡分析图（如下图所示），销售收入–销售税金及附加这条线不动，盈亏平衡点的高低要取决于总成本费用的上下浮动。运营期第 2 年要支付长期借款利息，项目的总成本较高，而到第 7 年，长期借款还完，项目的总成本降低。选项 D 中，运营期第 7 年和第 11 年的不同在于折旧费的提取，折旧费属于总成本费用的构成，故第 7 年的总成本费用高于第 11 年的总成本费用。

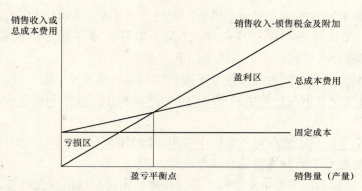

2. 盈亏平衡点计算用到的公式：

$$BEP（生产能力利用率）=\frac{年总固定成本}{（年销售收入-年总可变成本-年销售税金与附加）}\times 100\%$$

$$BEP（产量）=\frac{年总固定成本}{（单位产品价格-单位产品可变成本-单位产品销售税金与附加）}$$

$$=BEP（生产能力利用率）\times 设计生产能力$$

$$BEP（产品售价）=\frac{年总固定成本}{设计生产能力}+单位产品可变成本+单位产品销$$

售税金与附加

需要特别注意的是以上计算公式中的收入和成本均为不含增值税销项税额和进项税额的价格（简称不含税价格）。如采用含税价格，分母中应再减去年增值税；分母中应再减去单位产品增值税；式中应加上单位产品增值税。在考试时，题干中给出的增值税会影响计算结果的。

$$（销售收入-销售税金与附加）\times Q=固定成本+可变成本$$

$$（销售收入－销售税金与附加）\times Q=固定成本+可变成本\times Q$$
$$（销售收入－销售税金与附加）\times Q-可变成本\times Q=固定成本$$

$$Q=\frac{固定成本}{销售收入－销售税金与附加－可变成本}$$

3. 下面把历年考试对盈亏平衡点的计算整理一下。

（1）某项目设计生产能力为 100 万 t。在达产年份，预计销售收入为 4500 万元，固定成本为 800 万元，可变成本为 2450 万元，均不含增值税，销售税金及附加为 50 万元，则下列说法正确的有（ACE）。【2018 年考过】

A. 生产负荷达到设计能力的 40%，即可实现盈亏平衡

B. 项目达到设计生产能力时的年利润为 1250 万元

C. 年利润达到 800 万元时的产量是 80 万 t

D. 维持盈亏平衡时产品售价最低可降至 32.5 元/t

E. 项目单位产品的可变成本为 24.5 元/t

【分析】收入为 4500 万元，设计生产能力为 100 万 t，单价为 4500 万元/100t＝45 元/t。可变成本为 2450 万元，则可变单价为 24.5 元/t。选项 A，设计负荷 40%，产量为 40 万 t，利润为（45－24.5－0.5）元/t×40 万 t－800 万元＝0；选项 B，设计能力 100 万 t，利润为（4500－800－2450－50）万元＝1200 万元；选项 C，生产能力 80t，利润为（45－24.5－0.5）元/t×80 万 t－800 万元＝800 万元；选项 D，设单价为 Q，（Q－24.5－0.5）元/t×100 万 t－800 万元＝0，则 Q＝33 元/t；选项 E，2450 万元/100 万 t＝24.5 元/t。

（2）某项目达产第一年销售收入（含增值税）为 10 000 万元，总固定成本与总可变成本（含增值税）均为 3000 万元，增值税为 1453 万元，销售税金与附加为 174 万元，则项目以生产能力利用率表示的盈亏平衡点为（C）。【2014 年考过】

A. 42.86%   B. 43.95%   C. 55.83%   D. 54.08%

【分析】2011 年、2014 年均考过以生产能力利用率表示的盈亏平衡点的计算。解答这类计算题的时候需要注意：收入和成本均为不含增值税销项税额和进项税额的价格（不含税价格）。直接套用公式计算，计算过程为：BEP（生产能力利用率）＝3000 万元/（10 000－1453－3000－174）万元×100%＝55.83%。下面看下其他备选项是怎么计算得来的：

选项 A 计算过程是这样的：BEP（生产能力利用率）＝3000 万元/（10 000－3000）万元×100%＝43.95%。既没有考虑增值税 1453 万元，也没有考虑销售税金与附加 174 万元，这在分母中都应当减去。

选项 B 计算过程是这样的：BEP（生产能力利用率）＝3000 万元/（10 000－3000－174）万元×100%＝43.95%。没有考虑增值税 1453 万元，这在分母中应该减去。

选项 D 计算过程是这样的：BEP（生产能力利用率）＝3000 万元/（10 000－3000－1453）万元×100%＝54.08%。

（3）某项目的设计生产能力为年产 800 万件产品，达产后的年固定成本为 6500 万元，年可变成本为 3000 万元，年销售收入为 13 000 万元，年销售税金及附加为 345 万元，销售

收入和成本费用均采用不含税价格。该项目年利润达到 2000 万元时的最低年产量为（C）万件。【2012 年考过】

    A. 507.1　　　　　　　B. 680.0　　　　　　C. 704.3　　　　　　D. 707.6

【分析】根据题干可以得到达到 800 万件产量时，销售收入 13 000 万元，固定成本为 6500 万元，年可变成本为 3000 万元，年销售税金及附加为 345 万元。所以 800 万件产量的利润就是（13 000－345）万元－（6500＋3000）万元＝3155 万元。

求当利润是 2000 万时的产量，假定产量为 Q 万件，则达到达产期的 $Q/800$，代入上式中右侧的就是（13 000－345）$Q/800$－（6500＋3000$Q/800$），各项变动的指标需要乘上相应的比例。即：

$$（13 000－345）/800×Q－（6500＋3000/800×Q）＝2000 万元$$

解得：$Q＝704.3$ 万件。

（4）某投资项目达产后每年的可变成本为 4000 万元，产品销售单价为 23 万元/t，营业收入与成本费用均采用不含税价格，单位产品销售税金及附加为 0.2 万元/t，项目设计生产能力为 500t。在采用生产能力利用率表示的盈亏平衡点为 60%的情况下，其年总固定成本为（D）万元。【2009 年考过】

    A. 1704　　　　　　B. 2840　　　　　　　C. 2900　　　　　　　D. 4440

【分析】根据生产能力利用率公式，可以推导出：年总固定成本＝（销售收入－年总可变成本－年销售税金及附加）×生产能力利用率＝（23×500－4000－0.2×500）万元×60%＝4440 万元。

4. 关于盈亏平衡点计算公式，还可能是这种命题：

项目盈亏平衡分析中，若其他条件不变，可以降低盈亏平衡点产量的途径有（DE）。

A. 提高设计生产能力　　　　　　　　B. 降低产品售价

C. 提高营业税金及附加率　　　　　　D. 降低固定成本

E. 降低单位产品变动成本

考点 7　风险识别的目的和流程

（题干）风险识别作为风险分析的第一步，识别的目的是（ABCD）。

A. 对项目产生重要影响的风险，按照风险来源和特征进行风险分类

B. 分析风险产生的原因或是发生的条件

C. 寻找风险事件，即风险的直接表现

D. 明确风险征兆，即风险发生的间接表现

E. 估计风险事件发生的可能性

F. 采取定性描述方法对项目风险进行估计

 【考点细说与习题汇编】

1. 风险分析的流程是：风险识别→风险估计→风险评价→风险应对【2013 年、2014 年

考过】。风险识别是风险分析的基础，包括四个阶段：确定目标、选择方法、收集资料、识别风险。

2. 注意区分风险识别与风险估计，选项 E 为风险估计的内容。选项 F 为干扰选项。

考点 8　风险识别的主要方法

（题干）下列风险识别方法中，属于专家调查法的有（CDEFG）。

A. 解析法
B. 风险结构分解法
C. 头脑风暴法【2011 年、2016 年考过】
D. 德尔菲法【2011 年、2016 年考过】
E. 风险识别调查表
F. 风险对照检查表
G. 风险评价表【2011 年、2016 年考过】
H. 故障树法
I. 事件树法
J. 问卷调查法
K. 情景分析法

 【考点细说与习题汇编】

基于上述选项，命题时还可能会考核的题目有：

（1）风险识别方法要根据行业和项目的特点进行选择。下列方法中，可以用于风险识别的方法有（ABCDEFGHIJK）。【2018 年考过】

（2）将一个复杂系统分解为若干子系统进行分析，通过对子系统的分析进而把握整个系统特征的方法是（A）。

（3）具有系统、全面、简单、快捷、高效等优点，容易集中专家的智慧和意见，不容易遗漏主要风险；对风险分析人员有启发思路、拓展思路作用的识别方法是（E）。

考点 9　投资项目的主要风险

（题干）项目由于选址不当，导致当地居民反对，这种风险属于（E）。

A. 市场风险
B. 技术与工程风险
C. 组织管理风险
D. 政策风险
E. 环境与社会风险
F. 资源风险

 【考点细说与习题汇编】

基于上述选项，命题时还可能会考核的题目有：

（1）由于消费者的消费习惯、消费偏好发生变化，导致项目的市场出现问题，市场供需总量的实际情况与预测值发生偏离，这种风险属于（A）。【2018 年考过】

（2）由于市场预测方法或数据错误，导致市场需求分析出现重大偏差，这种风险属于（A）。

（3）由于出现了新的竞争对手，对项目的销售产生重大影响，这种风险属于（A）。

（4）由于项目产品和主要原材料的供应条件和价格发生较大变化，对项目的效益产生了重大影响，这种风险属于（A）。

（5）在可行性研究中，对于引进国外二手设备的项目，设备的性能能否如愿是应认真分析的风险因素，这种风险属于（B）。

（6）由于项目内部组织不当、管理混乱或者主要管理者能力不足、人格缺陷等，导致投资大量增加、项目不能按期建成投产造成损失的可能性，这种风险属于（C）。

（7）由于对项目的社会影响估计不足，或者项目所处的社会环境发生变化，给项目建设和运营带来困难和损失的可能性，这种风险属于（E）。

（8）因项目对利益受损者补偿不足，导致当地单位和居民的不满和反对，这种风险属于（E）。

考点 10　风险估计的主要方法

（题干）风险估计主要是对风险事件发生可能性的估计、风险事件影响范围的估计、风险事件发生时间的估计和风险后果对项目严重程度的估计。风险估计的方法主要包括（ABCDE）。

A. 主观概率估计法【2010 年考过】　　B. 客观概率估计法【2010 年考过】

C. 概率树分析【2010 年考过】　　D. 蒙特卡洛模拟法【2010 年考过】

E. 决策矩阵法　　F. 解析法

G. 风险结构分解法　　H. 专家调查法

I. 故障树法　　I. 事件树法

K. 问卷调查法　　L. 情景分析法

 【考点细说与习题汇编】

1. 注意区分风险识别与风险估计的主要方法。选项 EFGHIJK 属于风险识别的主要方法。

2. 基于上述选项，命题时还可能会考核的题目有：

（1）下列方法中，属于风险影响估计方法的有（CDE）。

（2）当有效统计数据不足或是不可能进行试验时，采用的风险估计方法是（A）。

（3）基于经验、知识或类似事件比较的专家推断概率的风险估计方法是（A）。

（4）只能用于完全可重复事件，因而并不适用于大部分现实事件的风险估计方法是（B）。

（5）可以根据历史统计数据推定的风险估计方法是（B）。

（6）借助现代计算技术，运用概率论和数理统计原理进行概率分析，求得风险因素取值的概率分布，并计算期望值、方差或标准差和离散系数，表明项目的风险程度。这种风险估计方法是（C）。

（7）当项目评价中输入的随机变量个数多于三个，每个输入变量可能出现三个以上以至无限多种状态时，就不能用理论计算法进行风险分析。这时应采取的方法是（D）。

3. 关于该考点还需要掌握以下几个知识点：

（1）风险概率分布见下表：

离散型概率分布		各种状态的概率取值之和等于 1, 它适用于变量取值个数不多的输入变量【2014 年考过】
连续型概率分布	正态分布	适用于描述一般经济变量的概率分布, 如销售量、售价、产品成本
	三角形分布	适用描述工期、投资等不对称分布的输入变量, 也可用于描述产量、成本等对称分布的输入变量
	β分布	适用于描述工期等不对称分布的输入变量
	经验分布	适合于项目评价中的所有各种输入变量

（2）描述风险概率分布的指标主要有期望值、方差、标准差、离散系数等。考试时可能会考查多项选择题。

（3）采用概率树分析法时应注意：

① 该方法属于理论计算法。

② 假定输入变量之间是相互独立的，可以通过对每个输入变量各种状态取值的不同组合计算项目的内部收益率或净现值等指标。【2012 年考过】

③ 评价指标（净现值或内部收益率）由小到大进行顺序排列，列出相应的联合概率和从小到大的累计概率，并绘制评价指标为横轴，累计概率为纵轴的累计概率曲线。【2016 年考过】

（4）应用蒙特卡洛模拟法时应注意：

① 应用蒙特卡洛模拟法时，需假设输入变量之间是相互独立的。在风险分析中会遇到输入变量的分解程度问题，变量分解得越细，输入变量个数也就越多，模拟结果的可靠性也就越高；变量分解程度低，变量个数少，模拟可靠性降低，但能较快获得模拟结果。对一个具体项目，在确定输入变量分解程度时，往往与输入变量之间的相关性有关。【2014 年考过】

② 从理论上讲，模拟次数越多，随机数的分布就越均匀，变量组合的覆盖面也越广，结果的可靠性也越高。

概率树分析法、蒙特卡洛模拟法在考试时一般会以判断正确与错误说法的综合题目出现，考生要在理解的基础上记忆。

考点 11　风险概率分析指标的计算

（题干）下表给出了某项目的四种风险状态。根据该表，下列关于该项目概率分析的结论，正确的是（C）。【2016 年考过】

状态	发生的可能性	财务净现值/万元	加权财务净现值/万元
1	0.1	−500	−50
2	0.2	−300	−60
3	0.2	200	40
4	0.5	1000	500

A. 净现值的期望值为 430 万元，净现值≥0 的累计频率为 50%

B. 净现值的期望值为 490 万元，净现值≥0 的累计频率为 50%

C. 净现值的期望值为 430 万元，净现值≥0 的累计频率为 70%

D. 净现值的期望值为 490 万元，净现值≥0 的累计频率为 70%

【考点细说与习题汇编】

1. 期望值是风险变量的加权平均值。对于离散型风险变量，期望值的计算公式为：

$$\bar{x} = \sum_{i=1}^{n} x_i P_i$$

式中　　n——风险变量的状态数；

x_i——风险变量的第 i 种状态下变量的值；

P_i——风险变量的第 i 种状态出现的概率。

直接套用公式即可求得净现值期望值：

净现值期望值 =（-50-60+40+500）万元 = 430 万元

求净现值大于或等于零的概率，具体步骤是：将各可能发生事件的财务净现值按数值从小到大的顺序排列起来，到出现第一个正值为止，并将各可能发生事件发生的概率按同样的顺序累加起来，求得累计概率，见下表：

财务净现值/万元	概率	累计概率
-500	0.1	0.1
-300	0.2	0.3
200	0.2	0.5

根据上表，可以得出净现值小于零的概率为：$P[NPV<0]=0.3$，即项目不可行的概率为 0.3。计算得出净现值大于或等于零的可能性为 $1-0.3=0.7=70\%$。

注意：对单个项目的概率分析应求出净现值大于或等于零的概率，由该概率值的大小可以估计项目承受风险的程度，该概率值越接近 1，说明项目的风险越小，反之，项目的风险越大。可以列表求得净现值大于或等于零的概率。

2. 这部分内容在考试时还会考查我们方差、标准差和离散系数的计算。下面是近几年考试中出现的题目：

（1）某项目产品价格符合正态分析，专家调查的期望值为 50，方差为 6，则其标准差和离散系数分别为（A）。【2014 年考过】

　A. 2.45、0.049　　　B. 2.45、0.12　　　C. 36、0.72　　　D. 36、0.12

【分析】方差的平方根为标准差，计为 S，$S=\sqrt{6}=2.45$。离散系数是描述风险变量偏离期望值的离散程度的相对指标，计为 β，$\beta=S/\bar{x}=2.45/50=0.049$。解答本题时这样计算就是错误的：标准差不是方差的平方，这样计算会得出 $S=36$，$\beta=0.72$；选项 BD 中的离散系数 0.12 是这样得来的：6/50=0.12。

（2）某项目组织 5 位专家进行产品需求量预测，预测数据见下表。则需求量预测的期望值是（B）万件。【2013 年考过】

专家	概率（%）			
	需求量 35 万件	需求量 45 万件	需求量 58 万件	需求量 68 万件
1	10	20	40	30
2	10	30	30	30
3	30	20	20	30
4	20	20	50	10
5	0	40	60	0

A. 51.5　　　　B. 53.4　　　　C. 58　　　　D. 68

【分析】首先分别计算专家估计值的平均概率，估计需求量为 35 万件的平均概率＝（10%＋10%＋30%＋20%）/5＝14%；估计需求量为 45 万件的平均概率＝（20%＋30%＋20%＋20%＋40%）/5＝26%；估计需求量为 58 万件的平均概率＝（40%＋30%＋20%＋50%＋60%）/5＝40%；估计需求量为 68 万件的平均概率＝（30%＋30%＋30%＋10%）/5＝20%。计算出专家估计需求量的期望值。根据公式：$\bar{x} = \sum_{i=1}^{n} x_i P_i = （35×14\%＋45×26\%＋58×40\%＋68×20\%）$万件＝53.4 万件。

（3）某项目在三种状态下的建设投资及其发生概率见下表，则该项目建设投资的期望值为（B）万元。【2012 年考过】

项目状态	建设投资/万元	发生概率
工期正常	6500	0.5
工期延长半年	7500	0.3
工期正常，厂址迁至临县	9000	0.2

A. 6500　　　　B. 7300　　　　C. 7667　　　　D. 9000

【分析】本题中该项目建设投资的期望值的计算如下：（6500×0.5＋7500×0.3＋9000×0.2）万元＝7300 万元。

（4）某投资项目在三种前景下的净现值和发生概率见下表。按该表数据计算的净现值期望值为（D）元。【2010 年考过】

前景	净现值（元）	概率
较好	60 000	0.25
好的	100 000	0.50
差的	40 000	0.25

A. 25 000　　　　B. 37 500　　　　C. 66 667　　　　D. 75 000

【分析】根据表中给出的数据可知：净现值期望值＝60 000 元×0.25＋100 000 元×0.50＋40 000 元×0.25＝75 000 元。

对这部分知识点的考查大多是这些题型。

考点 12 风险评价的分类及工作内容

（题干）风险评价是在项目风险识别和风险估计的基础上，对风险程度进行划分，揭示影响项目成败的关键风险因素，并采取防范对策。风险评价的工作内容包括（ABC）。

A. 确定风险评价基准
B. 确定项目的风险水平
C. 确定项目风险等级
D. 确定项目存在的风险因素
E. 对项目风险分类
F. 确定项目风险发生的间接表现
G. 确定项目风险的直接表现
H. 分析项目风险发生的条件

 【考点细说与习题汇编】

1. 注意风险评价工作内容与风险识别工作内容的区别。基于上述选项，命题时还可能会考核的题目是：

风险因素识别是风险分析的基础，其工作内容包括（DEFGH）。

2. 了解风险评价的分类，考试时可能会以判断正确与错误说法的题目中出现。掌握下表内容：

单因素风险评价	整体风险评价
评价单个风险因素对项目的影响程度，以找出影响项目的关键风险因素。 评价方法主要有风险概率矩阵、专家评价法	综合评价若干主要风险因素对项目整体的影响程度。 对于重大投资项目或估计风险很大的项目，应进行投资项目整体风险分析

考点 13 风险等级评定

（题干）关于风险等级评价的说法，正确的有（ABCDEFG）。

A. 风险函数的两个基本变量是风险事件发生的概率和风险事件对项目目标的影响【2013 年考过】

B. 风险的大小或高低与风险事件对项目目标的影响程度成正比【2013 年考过】

C. 较大影响的风险一旦发生，将导致整个项目的目标值严重下降【2014 年考过】

D. 较低的风险概率范围为 21%～40%【2014 年考过】

E. 风险量的大小可以用风险评价矩阵（也称概率—影响矩阵）来表示

F. 概率–影响风险评价矩阵中位于右上角的因素发生概率大、影响大【2014 年考过】

G. 发生后造成的损失较小，不影响项目可行性的风险事件可定性为较小风险

 【考点细说与习题汇编】

1. 该考点在历年考试考查以判断正确与错误说法的综合题目为主，注意掌握细节内容。

2. 首先要了解风险函数：

$$Q=f（P，I）$$

式中　　Q——风险量；

　　　　P——风险事件发生的概率；

　　　　I——风险事件对项目目标的影响。

3. 风险评价矩阵图形如下图所示。

针对上述图形，命题时还可能会考核的题目有：

（1）在项目决策分析与评价的风险概率—影响矩阵中（横坐标为概率，左到右由小到大排序；纵坐标为风险因素影响程度，自下向上由小到大排序），发生概率大且对项目影响也大的风险因素位于矩阵的（右上角）。

（2）在项目决策分析与评价的风险概率—影响矩阵中（横坐标为概率，左到右由小到大排序；纵坐标为风险因素影响程度，自下向上由小到大排序），发生概率小且对项目影响也小的风险因素位于矩阵的（左下角）。【2016年考过】

4. 风险影响等级分为五类，考试时一般不会考查字母的表示，会给出具体对项目造成的影响，由此来判断影响等级。

影响等级	造成的影响	字母表示
严重影响	导致整个项目的目标失败	S
较大影响	导致整个项目的标值严重下降【2014年考过】	H
中等影响	对项目的目标造成中度影响，但仍然能够部分达到目标	M
较小影响	对于项目对应部分的目标受到影响，但不影响整体目标	L
可忽略影响	对于项目对应部分的目标影响可忽略，并且不影响整体目标	N

助记：风险影响等级越严重，造成的影响越大，严重影响到可忽略影响对目标影响是逐级递减的。

5. 风险概率划分为五个档次，可以通过下表记忆。

风险概率	风险发生概率	发生可能性	字母表示
很高	81%~100%	很有可能发生	S
较高	61%~80%	可能性较大	H
中等	41%~60%	预期发生	M
较低	21%~40%	不可能发生	L
很低	0~20%	非常不可能发生	N

助记：风险概率等级越高，发生概率越大，发生可能性越大。

6. 风险等级分为五个等级，可以通过下表记忆。

风险等级	发生可能性	造成的损失	对项目的影响	字母表示
微小	很小	且较小	很小	N
较小	较小	或较小	不影响	L
一般	不大	或不大	一般不影响	M
较大	较大	或较大	可以承受的，必须采取一定的防范措施	H
重大	大	大	可行转变为不可行，需要采取积极有效的防范措施	S

考点 14　风险对策的基本要求

（题干）在风险对策研究中，可以采用风险—控制矩阵，针对不同的风险程度和控制能力，采取不同的策略。对于风险程度中等、控制能力一般的风险因素，应（B）。

A. 深入分析　　　　　　　　　　　B. 密切跟踪
C. 关注　　　　　　　　　　　　　D. 不必过多关注

 【考点细说与习题汇编】

1. 基于上述选项，命题时还可能会考核的题目有：
（1）对于风险控制能力差、风险程度高的风险因素，应（A）。
（2）对于风险控制能力差、风险程度中等的风险因素，应（B）。
（3）对于风险控制能力差、风险程度低的风险因素，应（C）。
（4）对于风险控制能力一般、风险程度高的风险因素，应（B）。
（5）对于风险控制能力一般、风险程度低的风险因素，可以（C）。
（6）对于风险控制能力强、风险程度中高的风险因素，应（D）。
（7）对于风险控制能力强、风险程度中等的风险因素，可以（D）。
（8）对于风险控制能力强、风险程度中低的风险因素，可以（D）。

2. 风险—控制矩阵见下表：

		风险程度		
		高	中	低
风险控制能力	差	深入分析	密切跟踪	关注
	一般	密切跟踪	密切跟踪	不必过多关注
	强	关注	不必过多关注	不必过多关注

3. 该考点还需要掌握风险对策研究的基本要求。

（1）风险对策研究应贯穿于可行性研究的全过程。在正确识别出投资项目各方面的风险因素之后，应从方案设计上就采取规避防范风险的措施，才能防患于未然。

（2）风险对策应具针对性。

（3）风险对策应有可行性。不仅指技术上可行，且从财力、人力和物力方面也是可行的

（4）风险对策应具经济性。规避防范风险旨在寻求以最少的费用获取最大的风险效益。

（5）风险对策研究是项目有关各方的共同任务。

考点 15　风险对策

（题干）对项目目标带来消极影响的风险可以采取风险回避、风险减轻、风险转移和风险接受对策。下列风险应对策略中，属于风险转移对策的有（DEFGHIJK）。

A. 可行性研究中彻底改变原设计方案【2012 年、2014 年考过】

B. 降低技术方案复杂性【2013 年、2014 年考过】

C. 要求所有进场人员佩戴安全防护装备【2016 年考过】

D. 将已做完前期工作的项目转给他人投资

E. 将其中风险大的部分转给他人承包建设或经营

F. 合同中增加保证性条款【2009 年、2010 年、2013 年考过】

G. 采用总价合同形式【2014 年考过】

H. 向保险公司投保【2013 年考过】

I. 业务对外发包【2013 年考过】

J. 发行股票或债券筹集资金

K. 在合同中列入免责条款

L. 建立应急储备资金【2013 年、2014 年考过】

 【考点细说与习题汇编】

1. 基于上述选项，命题时还可能会考核的题目有：

（1）下列风险应对策略中，属于风险回避对策的有（A）。

（2）下列风险应对策略中，属于风险减轻对策的有（BC）。

（3）下列风险应对策略中，属于风险接受对策的有（L）。

（4）风险转移方式可细分为保险转移方式和非保险转移方式两种。下列风险应对策略中，

属于非保险转移方式的有（IJK）。

2. 关于风险对策，还可能考查另外两种题型：

（1）题干中给出具体的策略，要求判断属于哪种风险对策，2009 年、2010 年、2016 年都是这样考查的，比如：

投资项目风险对策设计中，通过增加保证性条款方式要求合同的其他签约方承担某种风险，属于（风险转移）对策。

（2）以判断正确与错误说法的形式考查综合题目，2012 年、2014 年是这样考查的，比如：

项目决策分析与评价中项目风险对策的说法，正确的有（ABCDEFGH）。

A. 建立应急储备属于风险接受对策

B. 降低技术方案复杂性的措施属于风险减轻对策

C. 可行性研究中彻底改变原设计方案的做法属于风险回避对策

D. 风险转移把风险管理责任推给他人，是一种转移风险的措施

E. 在设备采购和施工合同中采用总价合同形式属于风险转移对策

F. 制定风险对策需要权衡代价与损失

G. 风险对策不是互斥的，可以组合使用

H. 风险接受是分为主动和被动两种情况

3. 为了应对风险接受，可以采取事先制订好后备措施，主要有费用、进度和技术三种后备措施。

考点 16　不同风险决策准则下的项目决策

（题干）某一项目投资 3000 万元，按照常规的项目财务分析，得到了项目净现值 *NPV* 的最可能情况是 4200 万元，由于存在市场风险、政策风险和技术风险，采用蒙特卡洛模拟进行项目风险分析，*NPV* 的期望值为 2500 万元，*NPV* 的分布如下图所示。对于不同的决策者，下列说法正确的有（ABC）。

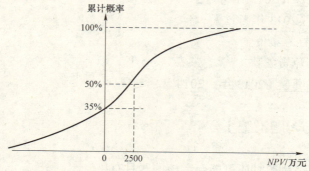

A. 对于风险热爱型的投资者，项目可行

B. 对于风险中型的投资者，项目可行

C. 对于风险厌恶型的投资者，项目不可行

【考点细说与习题汇编】

1. 项目净现值 NPV 的最可能情况是 4200 万元＞0，对于风险热爱型的投资者，项目可行。NPV 的期望值为 2500 万元＞0，对于风险中型的投资者，项目可行。由图可知，存在 35%的可能性 NPV＜0，对于风险厌恶型的投资者，项目不可行。

2. 该考点还应掌握不同风险决策准则下的项目决策：

（1）最大盈利决策：大于目标值，项目可行。

（2）期望值决策：大于目标值，项目可行；反之，不可行。（政府投资决策主要采用）

（3）最小损失决策：小于目标值，项目可行；反之，不可行。

（4）满意度决策：选择最优方案花费过高或在没有得到其他方案有关资料前就必须决策时采用。

（5）最小方差决策：这是避免最大损失而不是追求最大收益的准则。

第十一章 项目后评价

【本章考点框架】

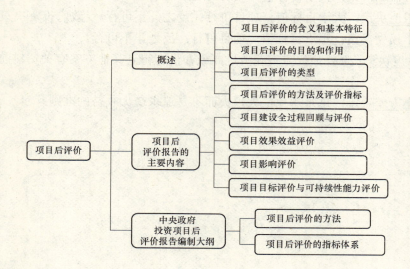

【本章考点精讲精练】

考点1 项目后评价的含义和基本特征

（题干）根据在项目周期中的地位和作用，项目后评价具有（ABCDE）。

A. 全面性
B. 动态性
C. 方法的对比性
D. 依据的现实性
E. 结论的反馈性

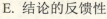【考点细说与习题汇编】

1. 基于上述选项，命题时还可能会考核的题目有：

（1）项目后评价，既要总结、分析和评价投资策划、决策和实施过程，又要总结、分析经营过程；不仅要总结、分析和评价项目的经济效益、社会效益，而且还要总结、分析和评价经营管理状况。体现了项目后评价的（A）。

（2）项目后评价主要是项目竣工投产一至两年后的全面评价，也包括项目建设过程中的中间评价，具有明显的（B）。

2. 根据项目后评价启动时点的不同，可以分为狭义的项目后评价和广义的项目后评价。

（1）狭义的项目后评价是项目投资完成之后进行的评价。

（2）广义的项目后评价还包括项目中间评价，或称中间跟踪评价、中期评价，是指从项目开工到竣工验收前所进行的阶段性评价，即在项目实施过程中的某一时点，对建设项目实际状况进行的评价。

考点2　项目后评价的目的和作用

（题干）项目后评价主要是服务于投资决策，关于其作用的说法，正确的有（ABCDEFGH）。

A. 调整投资计划和在建项目，完善已建成项目

B. 对工程咨询、施工建设、项目管理等工作的质量与绩效进行检验、监督和评价

C. 对提高项目前期工作质量起促进作用

D. 对政府制定和调整有关经济政策起参谋作用

E. 对银行防范风险起提示作用

F. 对项目业主提高管理水平起借鉴作用

G. 对企业优化生产管理起推动作用

H. 对出资人加强投资监管起支持作用

【考点细说与习题汇编】

1. 该考点一般以判断正确与错误说法的综合题目考查。还可能设置的干扰选项有：

（1）项目后评价是竣工验收的依据。

（2）项目后评价是银行贷款的主要依据。

2. 项目后评价的目的是典型的一句话考点。可以这样命题：

项目后评价是出资人对投资活动进行监管的重要手段之一。其核心的目的是（为出资人保证资金合理使用和提高投资效益服务）。

考点3　项目后评价的类型

（题干）项目后评价根据发起的时点不同，可以分为（AB）。

A. 在项目实施中进行的中间评价　　B. 在项目完工进入运行阶段后的后评价

C. 全面后评价　　　　　　　　　　D. 专项后评价

E. 工程项目后评价　　　　　　　　F. 并购项目后评价

G. 贷款项目后评价　　　　　　　　H. 规划后评价

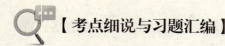 【考点细说与习题汇编】

1. 基于上述选项，命题时还可能会考核的题目有：

（1）根据评价范围，项目后评价可以分为（CD）。

（2）根据项目类别，项目后评价可以分为（EFGH）。

2. 关于项目后评价还可能会考查判断正确与错误说法的题目，下面将可能考查的知识点总结如下：

（1）中间评价是指投资人或项目管理部门对正在建设尚未完工的项目所进行的评价。

（2）中间评价可以是全面后评价，也可以选取单一专题进行专项评价。【2018 年考过】

（3）项目中间评价根据启动时点不同，分为项目的开工评价、跟踪评价、调概评价、阶段评价、完工评价。

（4）项目中间评价根据不同的评价范围和评价重点，可以分为项目影响评价、规划评价、地区或行业评价、宏观投资政策研究等。

（5）贷款项目后评价的重点更专注于还贷能力。【2018 年考过】

考点 4 　项目后评价的方法及评价指标

（题干）不同类型项目的后评价应选用不同的评价指标。评价项目目标应选用的指标有（LMNO）。

A. 设计能力
B. 建设投资
C. 项目总投资
D. 资源合理利用
E. 节能减排
F. 利益相关群体
G. 移民和拆迁【2018 年考过】
H. 项目区贫困人口【2018 年考过】
I. 最低生活保障线
J. 施工组织与管理
K. 组织机构与规章制度
L. 项目投入
M. 项目产出
N. 项目直接目的
O. 项目宏观影响

 【考点细说与习题汇编】

1. 关于该考点在考试时会给出具体的指标，让考生来判断属于哪类指标。单选多选都有可能考查。基于上述选项，命题时还可能会考核的题目有：

（1）下列项目后评价指标中，属于工程技术评价指标的有（A）。

（2）下列项目后评价指标中，属于财务和经济评价指标的有（BC）。

（3）下列项目后评价指标中，属于项目生态与环境评价指标的有（DE）。

（4）下列项目后评价指标中，属于项目社会效益评价指标的有（FGHI）。

（5）下列项目后评价指标中，属于管理效能评价指标的有（JK）。

2. 下面表格总结了项目后评价指标种类。

工程技术评价指标		设计能力；技术或工艺的合理性、可靠性、先进性、适用性；设备性能；工期、进度、质量
财务和经济评价指标	项目投资指标	项目总投资、建设投资、预备费、财务费用、资本金比例
	运营期财务指标	单位产出成本与价格、财务内部收益率、借款偿还期、资产负债率
	项目经济评价指标	内部收益率、经济净现值
项目生态与环境评价指标		物种、植被、水土保持等生态指标；环境容量、环境控制、环境治理与环保投资以及资源合理利用和节能减排指标等
项目社会效益评价指标		利益相关群体、移民和拆迁、项目区贫困人口、最低生活保障线
管理效能评价指标		前期工作相关程序、采购招标、施工组织与管理、合同管理、组织机构与规章制度
项目目标和可持续性评价指标	项目目标评价指标	项目投入、项目产出、项目直接目的、项目宏观影响
	项目可持续性评价指标	财务可持续性指标、环境保护可持续性指标、项目技术可持续性指标、管理可持续性指标、需要的外部政策支持环境和条件

3. 项目后评价的常用方法有逻辑框架法、对比法、层次分析法、因果分析法等。

考点5 项目建设全过程回顾与评价

（题干）项目建设全过程的回顾和总结，一般分四个阶段：项目前期决策、项目建设准备、项目建设实施、项目投产运营等。下列属于项目建设实施阶段回顾与评价的有（IJKLMN）。

A. 可行性研究　　　　　　　　　B. 项目评估

C. 决策　　　　　　　　　　　　D. 勘察设计

E. 融资方案　　　　　　　　　　F. 采购招标

G. 合同签订　　　　　　　　　　H. 开工准备

I. 合同执行与管理　　　　　　　J. 重大设计变更

K. 质量、进度、投资和安全管理　L. 资金使用与管理

M. 实施过程的监督管理　　　　　N. 建设期的组织与管理

O. 生产准备　　　　　　　　　　P. 项目竣工验收

Q. 资料档案管理　　　　　　　　R. 生产运营

S. 产品营销与开发　　　　　　　T. 生产运营的组织与管理

U. 后续预测

【考点细说与习题汇编】

1. 基于上述选项，命题时还可能会考核的题目有：

（1）项目建设全过程的回顾和总结工作中，属于项目前期决策阶段回顾与评价的有（ABC）。

（2）项目建设全过程的回顾和总结，一般分四个阶段：项目前期决策、项目建设准备、

项目建设实施、项目投产运营等。下列属于项目建设准备阶段回顾与评价的有（DEFGH）。

（3）项目建设全过程的回顾和总结，一般分四个阶段：项目前期决策、项目建设准备、项目建设实施、项目投产运营等。下列属于项目投产运营阶段回顾与评价的有（OPQRSTU）。

2. 关于该考点还有另外一种考查题型：题干中给出具体评价内容，让考生判断是属于哪一阶段的。2018 年考查了这类题型。

3. 了解各个阶段回顾与评价的重点及标尺。

阶段	重　点	标尺
前期策划与决策阶段	评价项目策划、立项与决策的正确性；评价项目建设的必要性、可行性、合理性；分析项目目标实现的程度、产生差异或失败的原因	合理性和效率
建设准备阶段	各项准备工作是否充分，开工前的各项报批手续是否齐全	效率
建设实施阶段	工程建设实施活动的合理性和成功度，项目业主的组织能力与管理水平	效率和效益
投产运营阶段	项目由建设实施到交付生产运营转换的稳定、顺畅	效益和可持续性

考点 6　项目效果效益评价

（题干）项目效果效益评价是对项目实施的最终效果和效益进行分析评价。下列关于项目效果效益评价的说法，正确的有（ABCDEFG）。

A. 项目技术效果评价主要关注技术的先进性、适用性、经济性、安全性

B. 工艺流程评价内容包括分析评价工艺流程的可靠性、合理性

C. 对设备装备，应分析评价设备的主要性能参数是否满足工艺要求

D. 从设计规范、工程标准、工艺路线、装备水平、工程质量等方面分析项目所采用的技术达到的水平

E. 财务效益评价应注意保持数据口径的一致性

F. 经济效益评价是分析项目投资的经济效益和对社会福利所做的贡献，评价项目的经济合理性，判别目标效益的实现程度

G. 项目管理评价是对项目建设期和运营期的组织管理机构的合理性、有效性，项目执行者的组织能力与管理水平进行综合分析与评价

 【考点细说与习题汇编】

1. 了解技术效果评价的内容，包括工期流程评价、装备水平评价、技术水平评价、国产化水平评价。

2. 管理评价的主要内容可能会考查多项选择题，其内容包括：

（1）管理体制与监督机制的评价。

（2）组织结构与协调能力的评价。

（3）激励机制与工作效率的评价。

（4）规章制度与工作程序的评价。

（5）人员结构与工作能力的评价。

（6）管理者水平与创新意识的评价等。

考点 7　项目影响评价

（题干）下列项目效果效益，属于项目<u>直接效益</u>的有（ABCD）。

A. 工程技术效果　　　　　　　B. 经济效益

C. 财务效益　　　　　　　　　D. 管理效果

E. 环境效益　　　　　　　　　F. 社会效益

【考点细说与习题汇编】

1. 注意直接效益与间接效益的区别。<u>项目环境效益与社会效益又被称为项目间接效益，列为项目影响评价。</u>

2. 环境影响评价应采集的数据包括：

（1）项目产生的主要污染物及其排放量，允许排放指标。

（2）项目污染治理设施建设内容和环保投入。

（3）项目环境管理能力和监测制度。

（4）项目对所在地区的生态保护与环境影响情况。

（5）项目对自然资源的保护与利用等。

考点 8　项目目标评价与可持续性能力评价

（题干）项目可持续能力要素包括内部要素和外部要素。下列影响项目可持续能力的要素中，属于<u>内部要素</u>的是（ABCDE）。

A. 项目规模的经济性　　　　　B. 技术的成熟性和竞争力【2018 年考过】

C. 企业财务状况　　　　　　　D. 污染防治措施满足环保要求的程度

E. 企业管理体制与激励机制　　F. 资源供给【2018 年考过】

G. 物流条件　　　　　　　　　H. 自然环境与生态要求【2018 年考过】

I. 社会环境　　　　　　　　　J. 政策环境

K. 市场变化及其趋势【2018 年考过】

【考点细说与习题汇编】

1. 基于<u>上述选项</u>，命题时还可能会考核的题目有：

项目可持续能力要素包括内部要素和外部要素。下列影响项目可持续能力的要素中，属于<u>外部要素</u>的是（FGHIJK）。

2. 关于该考点还需要掌握以下知识点：

（1）项目目标评价的任务在于评价项目实施中或实施后是否达到在项目前期决策中预定

的目标、达到预定目标的程度。

（2）项目目标评价包括目标实现程度评价和目标合理性评价。

（3）目标评价的常用分析方法包括<u>目标树法、层次分析法</u>。

（4）"四个建成"的完成度，即目标实现程度。<u>"四个建成"是指工程（实物）建成、项目技术（能力）建成、项目经济（效益）建成、项目影响建成</u>。

（5）项目成功度评价的五个等级：完全成功（A）、基本成功（B）、部分成功（C）、不成功（D）、失败（E）。

考点9　中央政府投资项目后评价报告编制大纲

（题干）根据国家发展改革委《中央政府投资项目后评价编制大纲（试行）》，项目实施准备总结与评价的内容包括（ABCDEFGHIJ）。

A. 组织形式及机构设置，管理制度的建立评价

B. 勘察设计、咨询、强审等建设参与方的引入方式及程序评价

C. 各参与方资质及工作职责情况评价

D. 项目施工图设计情况

E. 各设计阶段与可行性研究报告相比的主要变化评价

F. 勘察设计单位及工作内容，勘察设计单位的资质等级是否符合国家有关规定的评价

G. 勘察设计工作成果内容、深度全面性及合理性评价

H. 征地拆迁工作情况及评价

I. 项目招投标工作情况及评价

J. 项目资金落实情况及其评价

K. 开工手续落实情况

L. 对管理主体及组织机构的适宜性、管理有效性评价

M. 对管理模式合理性、管理制度的完备性以及管理效率评价

【考点细说与习题汇编】

1. 基于上述选项，命题时还可能会考核的题目有：

根据国家发展改革委《中央政府投资项目后评价编制大纲（试行）》，项目实施组织与管理总结与评价的内容包括（KL）。

2. 关于该考点在2018年以多项选择题形式考查了中央政府投资项目后评价报告中项目概况的相关内容，考生在备考复习时参考教材来学习。